Divin Cœur de Jésus, ayez pitié de nous. Cœur immaculé de Marie priez pour nous.

Paris 3 mars [?]
M. Dugouslans
rue R [?]

1 St Dominique 63

EXERCICE
DE DÉVOTION
EN L'HONNEUR
DE LA PASSION
DE N. S. JÉSUS-CHRIST
ET DE
LA COMPASSION DE LA S^{TE} VIERGE
ÉTABLI
DANS L'EGLISE MÉTROPOLITAINE DE PARIS
ET DANS LES PAROISSES DU DIOCÈSE,
POUR LES VENDREDIS DU CARÊME,
IMPRIMÉ PAR ORDRE DE MONSEIGNEUR L'ARCHEVÊQUE.

Nouvelle Édition.

PARIS.
LIBRAIRIE ECCLÉSIASTIQUE D'ADRIEN LE CLERE ET Ce.
IMPRIMEURS DE N. S. P. LE PAPE ET DE MGR L'ARCHEVÊQUE
Rue Cassette, n° 29, près Saint-Sulpice.

—

M. DCCC. XLVI.

PARIS. — IMPRIMERIE D'ADRIEN LE CLERE ET Cie.
Rue Cassette, n° 29.

MANDEMENT

DE MONSEIGNEUR

L'ARCHEVÊQUE DE PARIS,

POUR

LE SAINT TEMPS DE CARÊME 1832.

HYACINTHE-LOUIS DE QUELEN, par la miséricorde divine et la grâce du saint Siège apostolique, Archevêque de Paris, etc.

Au Clergé et aux Fidèles de notre Diocèse, Salut et Bénédiction en NOTRE SEIGNEUR JÉSUS-CHRIST.

Ce que saint Pierre écrivoit aux fidèles pour les exhorter à la patience, et les engager à *ne point vivre selon les passions des hommes, mais selon l'esprit de Dieu* (1), nous vous l'adressons, NOS TRÈS-CHERS FRÈRES, à l'entrée de la sainte carrière du Carême, afin de vous animer à la fournir comme des enfans d'obéissance et comme de généreux athlètes, embrassant avec amour le commandement de l'Eglise votre mère, et vous livrant avec ardeur aux travaux de la pénitence quadragésimale. Ecoutez-la, chrétiens, méditez-la surtout, cette parole de la Croix, objet de dédain et de mépris pour ceux qui s'obstinent à périr, mais

(1) I Petr. IV. 2.

pleine de la sagesse et de la vertu divine pour ceux qui estiment et qui ravissent l'héritage de la gloire éternelle. « Jésus-Christ ayant souffert pour nous » dans sa chair, armez-vous de cette pensée; » *Christo igitur passo in carne, et vos eadem cogita-* » *tione armamini* (2) ».

Rien n'est en effet plus capable d'aplanir et de dissiper en un instant les obstacles que l'orgueil, le respect humain, l'indifférence et la sensualité n'apportent que trop souvent à l'accomplissement de ce double précepte de l'abstinence et du jeûne, dont les pasteurs sont chargés de renouveler chaque année la promulgation solennelle. Rien n'est plus propre à nous fortifier contre les superbes sophismes de l'incrédulité, contre le scandale du relâchement, contre la foiblesse qui rougit de sa foi, et contre la mollesse qui dispute sa fidélité, que la contemplation fréquente et attentive des souffrances et de la mort de notre Seigneur et Sauveur Jésus-Christ. Le Prince des apôtres nous la représente comme une armure impénétrable *aux traits enflammés de Satan,* comme une épée victorieuse sous laquelle nous voyons s'incliner et tomber tous les ennemis du salut.

Aussi, depuis plusieurs années, N. T. C. F., nous étions heureux de vous la rappeler, cette pensée de la Croix, lumineuse à la fois et féconde en toutes sortes de vérités et de biens. *Ne voulant paroître savoir autre chose parmi vous que Jésus, et Jésus crucifié* (3), nous n'avons cessé de vous l'annoncer dans nos écrits et dans nos discours. Persuadés que nous ne pouvions travailler plus efficacement à votre bonheur et à l'œuvre de votre sanctification, nous avons plus d'une fois essayé de vous faire parcourir et de parcourir avec

(2) I Petr. IV. 1. — (3) I Cor. II. 2.

vous le chemin royal, sur les traces ensanglantées de notre adorable modèle, dont *la vie a été une croix et un martyre continuels* (4). L'année dernière encore, nous nous proposions de reprendre avec vous, à l'époque du Carême, ces pieux et touchans Exercices qui fortifioient votre foi, affermissoient votre espérance, ranimoient votre ferveur et votre charité, vous consoloient dans vos peines, vous inspiroient les résolutions les plus généreuses, devenoient enfin pour vous une source des plus abondantes bénédictions. Vous savez pourquoi, N. T. C. F., il ne nous a pas été permis de vous conduire nous-même sur les pas de l'Homme de douleur, à la suite de sa tendre et compatissante mère, et comment il nous a fallu monter sans vous au Calvaire, pour nous associer au divin exemplaire qui nous y est montré, et pour y recevoir à ses pieds dans cette union, comme la grâce d'une onction nouvelle, et l'honneur d'une seconde consécration. Mais non, mes Frères bien-aimés, non, nous n'avons pas marché tout seuls dans la voie douloureuse : vous êtes aussi venus avec nous sur la sainte montagne : la Croix, qui peut-être alors chanceloit dans vos cœurs, s'y est raffermie; et maintenant elle y règne, elle y triomphe, elle y commande la pratique des plus héroïques vertus; la soumission à la volonté de Dieu, la résignation dans le malheur, la constance dans l'adversité, le pardon des injures, et l'amour des ennemis. Connoissant donc, N. T. C. F., combien ils sont précieux à la société elle-même, les fruits de *cet arbre planté dans le paradis* de l'Eglise, *pour offrir aux nations et aux peuples* un préservatif, un remède et *une guérison* (5), nous n'avons pas voulu que la nécessité que nous serions

---

(4) *Imit.* lib. II, cap. XII, n. 7. — (5) Apoc. XXII. 2.

peut-être obligé de subir cette année encore, devînt pour vous une privation et un sacrifice. La force et la vertu de la parole de la Croix ne sera pas diminuée par le silence momentané de votre pasteur. Si sa voix ne peut parvenir jusqu'à vous, d'autres organes fidèles et nombreux, que vous aimez à entendre, vous rediront, vous développeront, et vous feront goûter ces paroles du grand Apôtre, qui doivent être pour tout chrétien le sujet d'une profonde méditation : « A Dieu ne plaise » que je me glorifie en autre chose que dans la » Croix de notre Seigneur Jésus-Christ, pour l'a- » mour duquel je suis crucifié au monde, et le » monde est crucifié pour moi ! » *Mihi absit glo- » riari nisi in Cruce nostri Jesu-Christi, per quem » mihi mundus crucifixus est, et ego mundo* (6) ! »

C'est avec une vive sollicitude pour vous, N. T. C. F., que nous avons demandé au souverain Pontife; c'est avec une reconnoissance pleine de respect que nous avons obtenu de notre très-saint Père le Pape Grégoire XVI, que les grâces apostoliques et les Indulgences attachées jusqu'ici exclusivement à notre Eglise Métropolitaine pour l'Exercice de dévotion qui y avoit lieu tous les vendredis du Carême, en l'honneur de la Passion de notre Seigneur Jésus-Christ, et de la Compassion de la très-sainte Vierge mère de Dieu, fussent étendues à toutes les Eglises paroissiales du Diocèse. Vos pasteurs respectifs pourront donc nous suppléer, satisfaire à votre dévotion ; et nous nous réjouirons, dans notre solitude, de vous prêcher encore, par leur bouche, Jésus-Christ crucifié *Prædicamus Christum crucifixum* (7).

A CES CAUSES, nous indiquons les dispositions suivantes pour le saint temps de Carême, et pour

---

(6) Gal. VI. 14. — (7) I Cor. I. 23.

l'Exercice de dévotion en l'honneur de la Passion de notre Seigneur Jésus-Christ, et de la Compassion de la très-sainte Vierge mère de Dieu.

POUR LE CARÊME.

Nous avons permis et permettons l'usage des œufs depuis le mercredi des Cendres jusqu'au mercredi-saint inclusivement.

Nous autorisons MM. les Curés à accorder à ceux de leurs paroissiens qui les demanderont, des Dispenses plus étendues, suivant les besoins personnels, ayant cette année encore plus d'égard à la dureté des temps.

Nous autorisons également les Supérieurs des Séminaires, des Communautés et Maisons religieuses, les premiers Aumôniers des Colléges royaux, des Maisons royales d'éducation ou autres, des Hôpitaux et Prisons, à accorder respectivement les mêmes Dispenses.

Nous exhortons les Fidèles à assister aux Instructions qui auront lieu dans les Eglises pendant le Carême, et à écouter avec fruit la parole de Dieu.

Nous recommandons plus particulièrement à ceux qui obtiennent des Dispenses, de joindre, suivant leurs facultés, l'aumône à la prière, faisant attention au besoin extrême où se trouvent, cette année surtout, nos Séminaires et les Prêtres infirmes, au grand nombre de pauvres, à leurs nécessités et à leurs misères; enfin aux œuvres diverses de charité utiles à la gloire de Dieu, au salut des ames, et qui ne se soutiennent que par des offrandes volontaires.

Nous invitons les Fidèles à venir à Notre-Dame pendant le Carême, et à y réciter quelques prières, suivant les intentions de notre saint Père le

Pape, afin de profiter des faveurs que Sa Sainteté Léon XII a bien voulu attacher à la visite de notre Eglise Métropolitaine.

POUR L'EXERCICE DE DÉVOTION

EN L'HONNEUR DE LA PASSION DE N. S. JÉSUS-CHRIST ET DE LA COMPASSION DE LA SAINTE VIERGE.

Cet Exercice, établi dans l'Église Métropolitaine pour perpétuer le souvenir des grâces du Jubilé, pourra, cette année, avoir lieu tous les Vendredis du Carême, le Vendredi-saint excepté, dans chacune des Eglises paroissiales de la Ville et du Diocèse. Ces jours, la vraie Croix sera exposée à la vénération des Fidèles.

Messieurs les Curés qui ne posséderoient pas dans leur Paroisse quelque parcelle de la sainte Croix, pourront s'adresser, afin d'en obtenir, à M. le Secrétaire de l'Archevêché.

Nous autorisons et invitons MM. les Curés, sans toutefois leur en faire une obligation, à établir dans leur Paroisse, de la manière qu'ils jugeront le plus convenable, cet Exercice de dévotion. Nous les engageons autant qu'il se pourra à développer eux-mêmes à leurs Paroissiens le mystère de la Croix, et les circonstances de la Passion de Notre-Seigneur. Cette instruction peut être faite soit dans un entretien familier, soit au moyen d'une lecture méditée, ainsi qu'il se pratique pour les prières du matin et du soir pendant l'Avent et le Carême.

Cet exercice se compose ainsi qu'il suit :

Avant l'instruction, on chantera le Psaume *Miserere meí, Deus*. Après l'instruction, on chantera l'Hymne *Vexilla Regis* et la Prose *Stabat Mater*. Pendant ce chant, on fera l'adoration de la

Croix ; on récitera ensuite cinq *Pater* et cinq *Ave*, avec *Gloria Patri, etc.* aux intentions de notre saint Père le Pape : l'Exercice sera terminé par la bénédiction avec le saint Ciboire.

Le Pape Léon XII, de vénérable mémoire, a accordé à perpétuité une Indulgence plénière, pour chaque *Vendredi de Carême*, à tous les Fidèles qui, vraiment pénitens, s'étant confessés et ayant communié, assisteront au pieux Exercice qui a lieu ce jour dans notre Eglise Métropolitaine, et qui y prieront un certain espace de temps aux fins ordinaires. Sa Sainteté a en outre accordé à tous les Fidèles qui, au moins contrits de cœur, assisteront à cet Exercice, et réciteront cinq *Pater* et cinq *Ave* avec *Gloria Patri, etc.* en mémoire de la Passion de Notre-Seigneur, une Indulgence de trois cents jours pour chacun de ces Vendredis. Enfin, le très-saint Père a voulu que tous ceux qui, pour cause d'infirmité, ou par quelque autre empêchement légitime, ne pourroient assister audit Exercice, puissent, aux mêmes conditions, gagner les Indulgences partielles ci-dessus énoncées.

Toutes cesdites Indulgences sont applicables, par manière de suffrages, aux ames du Purgatoire.

Par un Rescrit du 26 décembre dernier, notre saint Père le Pape Grégoire XVI a daigné étendre les mêmes indulgences à toutes les Églises Paroissiales de notre Diocèse où se feroit l'Exercice de dévotion ci-dessus indiqué.

Les Indulgences attachées à cet Exercice peuvent être gagnées à l'Eglise Métropolitaine par tous les Fidèles indistinctement ; mais elles ne peuvent être gagnées dans chacune des Paroisses que par les Fidèles de ces mêmes Paroisses.

Nous engageons nos très-chères Filles les Religieuses vivant en communauté à faire dans l'intérieur de leur maison ledit Exercice, en union avec les Paroisses du Diocèse : elles réciteront le *Miserere meí*, ainsi que les autres prières, et elles pourront suppléer à l'instruction par une lecture en commun sur le mystère de la Croix.

Nous recommandons aux Fidèles un petit livre que nous avons fait imprimer, afin de leur rendre plus facile l'Exercice de dévotion en l'honneur de Notre-Seigneur et de la Compassion de la très-sainte Vierge.

Et sera notre présent Mandement lu au Prône des Messes paroissiales, publié et affiché partout où besoin sera.

Donné à Paris, sous notre seing, le sceau de nos armes, le contre-seing du Secrétaire de notre Archevêché, le 25 février 1832.

† HYACINTHE, *Archevêque de Paris.*

Par Mandement de Monseigneur,

TRESVAUX, *Chanoine, Secrétaire.*

MANDEMENT

DE MONSEIGNEUR

L'ARCHEVÊQUE DE PARIS,

SUR LA DÉVOTION

A LA PASSION DE N. S. JÉSUS-CHRIST

ET A LA COMPASSION DE LA SAINTE VIERGE,

POUR LE SAINT TEMPS DE CARÊME 1828.

Hyacinthe-Louis DE QUELEN, par la miséricorde divine et la grâce du saint Siège apostolique, Archevêque de Paris, etc.

Au Clergé et aux Fidèles de notre Diocèse, Salut et Bénédiction en Notre Seigneur Jésus-Christ.

Nous ouvrons cette année la sainte Quarantaine Nos très-chers Frères, par l'exhortation que saint Paul adressoit aux Hébreux pour les encourager à reprendre avec une nouvelle ferveur, à soutenir avec une constance inébranlable les travaux de la vie chrétienne, à supporter même avec joie les sacrifices qu'elle nous commande, et les persécutions qu'elle nous attire. Courez, leur écrivoit ce grand Apôtre, « courez par la patience « dans la carrière qui vous est ouverte, nonob-

» stant les difficultés qui s'y rencontrent, jetant
» les yeux sur Jésus, l'auteur et le consommateur
» de notre foi, qui, au lieu de la vie tranquille et
» heureuse dont il pouvoit jouir, a préféré la honte
» et les rigueurs de la Croix : pensez souvent à
» celui qui a enduré une si grande contradiction
» de la part des pécheurs, afin que vous ne perdiez
» pas courage et que vous ne tombiez pas dans
» l'abattement, à cause de ce que vous avez vous-
» même à souffrir. » *Recogitate enim eum qui talem sustinuit à peccatoribus adversùm semetipsum contradictionem, ut ne fatigemini, animis vestris deficientes* (1).

Il semble en effet que rien n'est plus capable de nous faire recevoir avec respect, et remplir avec exactitude l'antique et vénérable loi du Carême, que de l'entendre promulguer en quelque sorte du haut du Calvaire et à la vue de cette Croix qui nous rappelle tant de *révérence* pour Dieu, tant de zèle pour sa gloire, tant d'obéissance pour ses ordres, et à la fois tant de générosité pour notre salut et tant de sacrifices pour l'opérer. Que pourront, sur un chrétien sérieusement appliqué, pendant ce temps de pénitence, à la méditation de la Passion de notre Seigneur Jésus-Christ, les conseils du respect humain ou les délicatesses de la sensualité? ou plutôt que ne pourra pas sur son esprit et sur son cœur la considération répétée de cette œuvre étonnante, où l'on ne sait ce qu'il faut admirer davantage, de la justice souveraine qui exige de l'innocent tant d'expiation, ou de l'infinie miséricorde qui en abandonne le mérite au coupable?

Aussi, N. T. C. F., est-ce sur cette Passion bienheureuse du Sauveur que nous nous sommes pro-

(1) Hebr. XII, 2, 3.

posé d'arrêter vos pensées à l'entrée de la pénitence quadragésimale, persuadés que, si vous étiez attentifs à en étudier le mystère, et dociles à laisser pénétrer dans vos ames sa divine onction, nous n'aurions plus besoin que de modérer votre ferveur pour des observances dont l'orgueil s'irrite, dont la timidité rougit, et dont la mollesse s'épouvante. Au lieu de nous plaindre, comme nous sommes, hélas! obligés de le faire, du relâchement de la discipline, nous ne serions au contraire occupés qu'à vous prescrire des ménagemens que l'Eglise ne refuse jamais à la foiblesse, mais que de déplorables illusions exigent trop souvent de son indulgence.

Oui, N. T. C. F., venez quelquefois, venez souvent, pendant ce Carême, *vous asseoir à l'ombre de la Croix;* et bientôt vous désirerez avec une ardeur extrême d'en cueillir et d'en *goûter les fruits,* parce que vous ne tarderez pas à reconnoître que, s'ils paroissent d'abord amers à la nature, la grâce y a caché une *douce et délicieuse saveur* (2). Sous cet arbre de vie, du haut de la montagne sacrée, d'où il étend sur l'univers ses rameaux protecteurs, dans le repos d'une simple mais fervente contemplation, aimez à parcourir des yeux de la foi le chemin royal que notre divin Monarque a tracé, qu'il a arrosé de ses sueurs, de ses larmes et de son sang; repassez les unes après les autres, avec une tendre curiosité, toutes les circonstances de ce combat livré pour nous, de cette victoire acquise à un si grand prix, enfin de cette Passion douloureuse, où Jésus, triomphant, par son amour, du monde, de l'enfer, de Dieu même, nous a laissé dans ses souffrances et dans sa mort les moyens d'en triompher à notre tour comme lui et avec lui.

(2) Cant. II, 3.

C'est alors qu'animés d'un saint courage, pleins d'une émulation divine, le feu d'une chaste pudeur rougissant votre visage, vous aurez honte de demeurer oisifs à la vue de tant de travaux endurés pour vous, de mener une vie si molle, sous un chef couronné d'épines; de conserver encore tant d'orgueil devant des abaissemens si profonds; de n'oser essayer la moindre satisfaction pour vos péchés, lorsque, pour eux, un Dieu s'est fait victime. Alors, N. T. C. F., vous descendrez vous mettre à la suite de ce Dieu sauveur et prodigue de lui-même; vous ferez taire vos répugnances; vous imposerez silence à ces passions dont les murmures vous empêchent d'entendre la voix qui vous appelle à la pénitence; et chacun, suivant ses forces, selon la mesure de grâce qui lui aura été donnée, avec la discrétion dont les bornes auront été posées par de sages conducteurs, vous ne ferez plus difficulté de réduire, comme l'apôtre saint Paul, *votre corps en servitude* (3); de le soumettre à l'obéissance de la loi autant qu'il pourra l'accomplir; de supporter du moins, en esprit de réparation, les adversités, les contradictions, les maladies, les douleurs, les exercices de la vie chrétienne, afin d'*achever en vous ce qui manque à la Passion de notre Seigneur Jésus-Christ* (4); c'est-à-dire l'union volontaire de vos souffrances aux siennes, et l'application de ses mérites pour donner quelque valeur à vos efforts.

Il seroit trop long, N. T. C. F., d'énumérer et d'expliquer en un jour tous les avantages d'une pratique aussi salutaire que celle dont nous vous conjurons de prendre, au moins pendant le Carême, l'heureuse habitude. Qu'il nous suffise de vous dire qu'il n'en est pas qui répande dans l'ame

---

(3) I Cor. IX. 27. — (4) Coloss. 1. 24.

plus de lumières, qui lui communique plus de force, qui lui apporte plus de consolation ; que la science du *crucifix* peut, dans la religion, tenir lieu de toutes les autres ; parce qu'elle nous apprend en un instant, d'un seul regard, quelle est la grandeur de Dieu, sa sagesse, sa puissance, sa justice, sa bonté, et toutes ses autres perfections qu'il nous importe de connoître ; parce qu'elle nous montre la misère du péché et le bonheur de la rédemption ; la beauté du ciel, dont les portes nous sont ouvertes par la Croix, et les horreurs de l'enfer, dont les feux sont éteints par le sang qui en distille ; parce qu'elle nous prêche, sans une longue suite de raisonnemens et de conséquences, l'amour pour notre Créateur et Rédempteur qui nous a tant aimés le premier ; la charité pour *tous les hommes*, dont aucun n'a été excepté *dans la volonté divine de les sauver tous* (5) ; le pardon des injures, proclamé d'une manière si solennelle et commandé par d'aussi puissans exemples ; le dévoûment pour nos frères jusqu'à *donner notre vie pour eux et pour eux devenir anathême* (6) ; parce qu'elle dissipe, d'un seul trait, par un seul rayon, toutes les obscurités dont l'orgueil, la cupidité, l'envie, la colère et les penchans honteux enveloppent sans cesse notre cœur, afin de mieux le séduire, le corrompre et le dominer : qu'il nous suffise enfin de vous dire que, comme la Passion de Jésus-Christ est la source de tous les biens, sa fréquente méditation est aussi le mobile de toutes les vertus.

Pécheurs, pécheurs invétérés, pécheurs endurcis dans vos crimes, qui, troublés quelquefois par le bruit du tonnerre que la justice miséricordieuse du Seigneur fait entendre à vos consciences, ne

(5) I Timoth. II. 4. — (6) Rom. IX. 3.

vous réveillez que pour vous rouler un moment dans vos propres chaînes, et retomber après plus profondément dans l'abîme du désespoir et dans l'assoupissement qui en est la suite ordinaire, ah! si, comme nous l'espérons, *la voix de Dieu vous appelle encore* (7), à la lueur d'un de ces éclairs de la grâce qui brilleront sur vos têtes, tournez votre pensée vers la bienheureuse Passion de notre Seigneur et Maître : n'importe la circonstance sur laquelle vous arrêtiez vos regards, ne les en détournez pas; c'est de là que sortira le salut, que viendra la paix, que *des fontaines surabondantes* s'ouvriront, d'abord pour rafraîchir votre ame, et ensuite pour laver et faire entièrement disparoître *des iniquités qui avoient abondé presque sans mesure* (8).

Entrez aussi dans ce vaste champ des consolations célestes, vous *qui depuis long-temps semez dans les larmes* sans espérance de moissonner dans la joie (9), ames affligées qui n'avez le sentiment de la vie que par celui de la souffrance, et qui peut-être ne connoissez pas encore l'heureux secret de calmer les douleurs. Vous l'avez demandé au monde, il ne vous l'a pas donné; vous l'avez recherché dans le commerce de vos amis les plus dévoués, et ils vous ont paru, comme ceux de Job, *des consolateurs onéreux* (10). Vos réflexions n'ont fait qu'aggraver le poids de vos peines, et vous descendez tristement dans le tombeau, sans autre espoir que d'y trouver le terme d'une course si laborieuse. « Quoi donc! s'écrie le Seigneur par » son Prophète, n'y-a-t-il plus de baume dans » Galaad? ne s'y trouve-t-il personne pour guérir? » Pourquoi les blessures de la fille de mon peuple

---

(7) Psal. xciv. 8. — (8) Rom. v. 20. — (9) Psal. cxxv. 5. — (10) Job. xvi. 2.

» sont-elles toujours vives et saignantes? » *Numquid resina non est in Galaad? aut medicus non est ibi* (11)? N'y-a-t-il donc pas dans l'Eglise un remède pour les plaies les plus sensibles, un liniment contre la violence des douleurs? Depuis que Jésus a pris sur lui nos langueurs et nos infirmités, depuis qu'il les a sanctifiées en les portant, non-seulement toutes les tribulations paroissent tolérables, mais elles sont encore devenues un sujet de joie. Dans le souvenir répété de sa Passion et de sa mort, le vrai chrétien trouve une admirable vertu qui lui fait presque oublier le sentiment de ses maux ; fort de ce souvenir, *armé de cette pensée*, pour parler avec l'apôtre saint Pierre (12), il sait défier tous les genres de malheurs; près de succomber sous les coups d'une mort lente et cruelle, il l'envisage avec constance, il l'attend sans s'émouvoir ; le sourire de la foi sur les lèvres, il la reçoit avec calme, et lorsqu'elle frappe, il lui demande où est sa victoire, où est son aiguillon. *Ubi est, mors, victoria tua? ubi est, mors, stimulus tuus* (13)?

Ce langage ne vous paroît point étrange, ames fidèles, pieuses et ferventes, qui, *soupirant sans cesse* après une vie meilleure (14), avez compris qu'un des plus sûrs moyens de l'obtenir, d'arriver à l'union intime avec Dieu, de mériter le royaume promis à la persévérance, étoit d'accompagner Jésus dans la carrière qu'il a ensanglantée, de *demeurer avec lui dans ses tentations* (15), de compatir à ses douleurs, de boire au calice de ses amertumes, de s'associer à ses souffrances, d'essayer, s'il se peut, d'en ressentir quelques impressions. Ce n'est pas vous, sans doute qui refuserez de vous livrer à un exercice où vous avez déjà puisé

(11) Jerem. VIII. 22. — (12) I Petr. IV. — (13) I Cor. XV. 55.
(14) I Cor. VII. 31. — (15) Luc. XXII. 28.

tant de dons excellens. A l'exemple de l'apôtre saint Paul, vous placerez à la tête et bien au-dessus de toutes les autres sciences, la connoissance *de Jésus et de Jésus crucifié* (16): au-dessus de tous les discours, les entretiens sur *Jésus et Jésus crucifié*; au-dessus de tous les honneurs, la *gloire* d'appartenir *à Jésus et à Jésus crucifié* (17); au-dessus de toutes les richesses, la possession *de Jésus et de Jésus crucifié*; au-dessus de toutes les satisfactions de la terre, le bonheur d'exprimer en votre personne *Jésus et Jésus crucifié*: le monde ne vous sera plus rien, vous le regarderez *comme peu de chose*, avec tout ce qu'il renferme d'éclat et de séduction, si, par le peu d'estime que vous en ferez, vous pouvez acquérir *Jésus et Jésus crucifié* (18). Ce ne sera point assez encore; jaloux de partager les souffrances et les ignominies d'un si grand et si bon maître, de porter sur vous la livrée de ses serviteurs, et de montrer sans affectation, mais aussi sans foiblesse, le caractère auguste de ses disciples dont vous avez été marqué; vous désirerez *que le monde soit mort et crucifié pour vous*, comme vous voulez *être morts et crucifiés pour le monde* (19); c'est-à-dire que vous ne chercherez pas à lui plaire par de vaines complaisances et des concessions indignes de la profession chrétienne, c'est-à-dire que vous marcherez la tête levée, que vos fronts ne rougiront pas, que vos yeux n'affecteront pas une pudeur honteuse, que vos lèvres muettes ne démentiront pas la foi de votre cœur, ou ne balbutieront pas une timide excuse, lorsqu'il s'agira de la noble cause de *Jésus et de Jésus crucifié*; lorsqu'il faudra accomplir publiquement, en présence même de ses ennemis, les divins préceptes

---

(16) I Cor. II. 2. — (17) Gal. VI. 14. — (18) Philip. III. 8. — (19) Gal. VI. 14.

de Jésus, et ceux de son Église. Ce ne sera pas encore assez ; *sachant que ceux qui sont à Jésus-Christ, ont crucifié leur chair avec toutes ses convoitises* (20), vous appliquerez continuellement sur votre cœur la passion de Jésus-Christ, c'est-à-dire que, par la mortification de l'esprit et des sens, par la patience, la douceur, la résignation, la pratique des œuvres de religion et de charité, *vous travaillerez chaque jour à détruire en vous le vieil homme, et à vous former sur le modèle de l'homme nouveau qui est Jésus-Christ même* (21); c'est-à-dire que vous ne vous lasserez jamais de réprimer les saillies et les révoltes de la nature, et de les faire céder aux impressions et aux mouvemens de la grâce, de corriger enfin toutes ces passions malheureuses, dont Jésus est venu briser l'empire et nous aider à secouer la servitude.

Nous sommes heureux de le reconnoître, et nous devons vous le dire pour votre édification et votre encouragement ; au milieu d'un siècle opposé à la Croix de Jésus-Christ, il est, N. T. C. F., il est encore certaines ames plus généreuses et privilégiées, que les méditations fréquentes sur la Passion de Notre-Seigneur élèvent au-dessus d'elles-mêmes, et transportent dans ces *voies dures*, dont parle le Roi-Prophète (22), qu'il n'est donné qu'à un petit nombre de parcourir : celles-là ont entendu de la bouche de Jésus mourant des paroles que tous ne comprennent pas ; charmées par l'attrait de cette voix qui les invite à une si douce contemplation, elles n'aspirent qu'à une ressemblance plus parfaite avec l'*homme de douleur*. Elles soupirent après les souffrances et les opprobres, comme on s'en éloigne pour l'ordinaire ; elles les désirent comme on les repousse : elles les recher-

---

(20) Gal. v. 24. — (21) Coloss. III. 9. — (22) Ps. XVI. 4.

chent comme on les fuit, et elles croient ne pas assez répondre à l'amour du Fils de Dieu, si chacun de leurs jours n'est marqué par quelque épreuve ou quelque sacrifice. Leur devise est celle d'un pieux auteur : « On n'aime plus alors qu'on cesse de souffrir »; *sine dolore non vivitur in amore* (23). On les voit, pénétrées de cette maxime, embrasser volontairement une vie austère, s'y vouer pour toujours, ajouter à la pratique des commandemens l'observance des conseils évangéliques, choisir la croix la plus pesante, la porter courageusement sur le sommet du Calvaire. Ravies de mourir à tout et à elles-mêmes, afin de ne vivre plus que pour Dieu, elles se réjouissent de pouvoir dire à chaque instant avec le grand Apôtre : Me voici enfin attaché sans retour à la Croix de mon Sauveur ; victime avec lui, je brûle d'y être consumé dans les flammes de la même charité: je veux y rendre avec lui le dernier soupir : *Christo confixus sum Cruci* (24). Séraphins de la terre! avec lui aussi vous posséderez *le royaume qui souffre violence;* vous y brillerez d'une gloire d'autant plus éclatante, que vous participez davantage aux souffrances de Jésus; et les consolations qu'il vous y réserve seront en proportion de la part que vous aurez prise à sa Passion bienheureuse : *sicut socii passionum estis, sic eritis et consolationis* (25).

S'il ne nous est pas donné à tous d'entrer avec une égale mesure dans une société si désirable, N. T. C. F., prenons garde du moins de n'en être pas tout-à-fait exclus, à cause de notre indifférence et de notre lâcheté dans l'accomplissement des plus simples devoirs. L'attention à mettre sur

---

(23) Imit. Christi, lib. III, cap. v. n. 7. — (24) Gal. II. 19. — (25) II Cor. I. 17.

la Passion de notre Seigneur Jésus-Christ nous tirera du sommeil léthargique et mortel où nous vivons plongés; elle réveillera notre foi endormie, et nous fera bientôt admettre en partage de ce trésor incomparable, qui a été donné pour prix de notre rançon.

Afin de nous rendre de plus en plus consolant et fructueux ce saint exercice, ayons soin encore, N. T. C. F., de nous unir aux affections et aux sentimens de Marie, celle de toutes les créatures qui a compati le plus vivement aux douleurs de Jésus. Comme elle avoit été la parfaite imitatrice de ses vertus, elle a voulu aussi lui ressembler par les souffrances, et ressentir dans son ame les cruelles angoisses auxquelles notre divin Sauveur s'étoit livré pour notre amour. Qui peut douter que cette Vierge très-fidèle, que cette Mère très-sainte; dont le *Cœur* fut toujours conforme au Cœur de son fils bien-aimé, n'ait consenti à goûter toutes les amertumes de sa Passion? Qui ne sait que, sans rien perdre de la soumission qu'elle avoit pour les ordres et les volontés du Père céleste, elle fut abîmée dans un océan immense de tristesse, et accablée sous le poids d'une inconcevable désolation? Qui pourroit, sans se laisser attendrir, contempler le supplice de Jésus et de Marie, placés l'un à côté de l'autre sur la montagne du Calvaire, se regardant, s'entendant, se crucifiant l'un l'autre, pour ainsi dire, par la correspondance de leur tendresse et de leur douleur? Mais aussi quel chrétien pourroit demeurer ingrat envers Marie, lorsqu'entrant dans la connoissance de ses dispositions les plus intimes, il la verra faisant elle-même en notre faveur l'office de sacrificateur et d'avocate, acquiesçant à l'immolation de son Fils, l'offrant à Dieu pour notre salut, et acceptant, à ce prix, de devenir notre mère?

Ne séparons donc jamais, N. T. C. F., ce qu'une même affliction a si étroitement uni. En méditant sur la Passion de Jésus, n'oublions pas la Compassion de Marie. Bénissons et adorons Jésus, le seul et unique médiateur auprès de son Père: bénissons et honorons Marie, première et toute-puissante médiatrice auprès de son fils. Pleins de confiance dans la rédemption de Jésus, et dans l'intercession de Marie, ne craignons pas de dire : O mon Dieu, brisez les liens de nos iniquités, *parce que je suis votre serviteur et le fils de votre servante* (26). O Jésus, fils de Dieu, sauvez-nous par votre mort ! ô Marie, mère de Dieu, que le glaive de vos douleurs nous défende ! Ainsi soit-il?

A CES CAUSES, nous indiquons les dispositions suivantes pour le saint temps de Carême, pour l'Exercice de dévotion en l'honneur de la Passion de notre Seigneur Jésus-Christ et de la Compassion de la très-sainte Vierge mère de Dieu, établi par nous l'année dernière dans notre Église Métropolitaine ; enfin pour la cérémonie de la Translation de morceaux considérables réunis du bois de la vraie Croix et d'une portion d'un des Clous de la Passion de Notre-Seigneur, que nous avons nouvellement recouvrés.

POUR LE CARÊME.

Nous avons permis et permettons l'usage des OEufs depuis le Mercredi des Cendres jusqu'au Mercredi de la Semaine-Sainte inclusivement.

Nous autorisons MM. les Curés à accorder à leurs Paroissiens des Dispenses plus étendues, suivant les besoins personnels, ayant égard à la difficulté de se procurer des alimens maigres.

---

(26) Ps. cxv. 6.

Nous autorisons également les Supérieurs des Séminaires, des Communautés et Maisons religieuses, les premiers Aumôniers des Collèges royaux, des Maisons royales d'Education, des Hôpitaux et Prisons, les Aumôniers des régimens qui seront en station dans notre Diocèse pendant le Carême, à accorder respectivement les mêmes Dispenses.

Nous exhortons les Fidèles à assister aux Instructions qui auront lieu dans les Eglises pendant le Carême, et à écouter avec fruit la parole de Dieu.

Nous recommandons plus particulièrement à ceux qui obtiennent des Dispenses, de joindre, suivant leurs facultés, l'aumône à la prière, faisant attention au besoin extrême où se trouvent nos Séminaires et les Prêtres infirmes, au grand nombre de Pauvres, à leurs nécessités et à leurs misères; enfin aux œuvres diverses de charité utiles à la gloire de Dieu, au salut des ames, et qui ne se soutiennent que par des offrandes volontaires.

Tous les Dimanches de Carême, depuis le matin jusqu'après l'Office du soir, les Reliques des bienheureux Apôtres saint Pierre et saint Paul seront exposées dans notre Eglise Métropolitaine. Nous exhortons les Fidèles à venir les y visiter et à y réciter quelques Prières suivant les intentions de N. S. P. le Pape, afin de profiter des faveurs que Sa Sainteté a bien voulu attacher tant à la vénération desdites Reliques, qu'à la visite de notre Eglise Métropolitaine.

Par Rescrit du 13 Juin 1827, sur notre demande, N. S. P. le Pape Léon XII a daigné accorder *à perpétuité* une Indulgence plénière aux Fidèles de l'un et de l'autre sexe, qui, vraiment pénitens, s'étant confessés et ayant reçu la sainte Communion, visiteront l'Eglise Métropolitaine *le jour de la solennité* des bienheureux Apôtres saint

Pierre et saint Paul, et y feront les Prières selon l'intention du souverain Pontife. Cette Indulgence peut être gagnée à compter des premières Vêpres jusqu'au coucher du soleil du jour de la Fête. Sa Sainteté accorde en outre une même Indulgence plénière à tous les Fidèles qui, avec les dispositions requises, assisteront à l'exposition des Reliques des saints Apôtres, toutes les fois qu'elle sera faite dans ladite Église Métropolitaine avec la permission de l'Ordinaire, et qui y prieront à la même intention.

Par une grâce spéciale en faveur de *notre Église Métropolitaine*, Sa Sainteté a daigné accorder trois cents jours d'Indulgence à gagner, une seule fois cependant par chaque jour, aux Fidèles au moins contrits de cœur qui visiteront dévotement ladite Église, et y prieront selon les intentions accoutumées.

Toutes lesdites Indulgences sont applicables par manières de suffrages aux ames du Purgatoire.

POUR L'EXERCICE DE DÉVOTION

EN L'HONNEUR DE LA PASSION DE N. S. JÉSUS-CHRIST
ET DE LA COMPASSION DE LA SAINTE VIERGE.

Cet Exercice, établi par nous dans l'Église Métropolitaine pour perpétuer le souvenir des grâces du Jubilé, aura lieu tous les Vendredis de Carême, le Vendredi-Saint excepté. Ces jours, les Reliques insignes de la Passion seront exposées à la vénération des fidèles, depuis le matin jusqu'après l'Office du soir.

Immédiatement après Complies, on chantera le Psaume *Miserere meï, Deus*. Il y aura une Instruction sur le mystère de la Passion de Notre-Seigneur, ensuite on fera l'adoration de la Croix, pendant laquelle on chantera l'Hymne *Vexilla Regis*, après l'adoration, on chantera la Prose en l'honneur de la Compassion de la sainte Vierge, *Stabat Mater*; on récitera ensuite cinq *Pater* et cinq *Ave* avec *Gloria Patri*, etc, aux intentions de N. S. P. le Pape : l'Exercice sera terminé par la bénédiction avec le saint Ciboire.

Cet exercice n'aura lieu qu'à l'Eglise Métropolitaine ; il ne pourra se faire dans aucune autre Eglise ou Chapelle de notre Diocèse sans une autorisation particulière et par écrit.

Par un Rescrit du 13 juin 1827, sur la demande que nous lui en avons adressée, N. S. P. le Pape Léon XII a daigné accorder, à perpétuité, à tous les fidèles de l'un et l'autre sexe, qui, vraiment pénitens, s'étant confessés et ayant communié, visiteront dévotement l'Eglise Métropolitaine de Notre-Dame de Paris, et y prieront un certain espace de temps pour les fins ordinaires, une Indulgence plénière aux fêtes de l'*Invention* et de l'*Exaltation* de la sainte Croix et pendant leurs Octaves, à commencer des premières Vêpres de ces fêtes jusqu'à la fin de ces Octaves, et pour une fois seulement pendant lesdites Octaves.

Sa Sainteté a également accordé à perpétuité une Indulgence plénière pour chaque *Vendredi de Carême* à tous ceux qui, ayant accompli les conditions ci-dessus requises, assisteront au pieux Exercice qui a lieu ce jour dans la même Eglise, et qui y prieront comme il a été dit plus haut. Sa Sainteté a en outre accordé à tous les Fidèles qui, au moins contrits de cœur, assisteront à cet Exercice et réciteront cinq *Pater* et cinq *Ave* avec *Gloria Patri*, etc., en mémoire de la Passion de Notre-Seigneur, une Indulgence de trois cents jours pour chacun de ces Vendredis. Enfin N. S. Père veut que tous ceux qui, pour cause d'infirmité ou par quelque autre empêchement légitime, ne pourroient assister audit Exercice, puissent, aux mêmes conditions, gagner les Indulgences partielles ci-dessus énoncées.

Toutes ces dites Indulgences sont applicables par manière de suffrages aux ames du Purgatoire.

Toutes les Indulgences énoncées dans les deux précédens paragraphes sont et demeurent publiées dans notre Diocèse par le présent Mandement.

POUR LA TRANSLATION

D'UNE RELIQUE DE LA VRAIE CROIX ET D'UNE PORTION D'UN DES CLOUS DE LA PASSION.

Ayant eu le bonheur, vers la fin de l'année dernière, de recouvrer plusieurs morceaux considérables du bois de la vraie Croix qui étoient autrefois conservés dans l'Eglise de l'ancienne Abbaye de Saint-Germain des Prés, et réunis sous le nom de *Croix Palatine*; de plus, une portion assez notable d'un des Clous de la Passion de Notre-Seigneur également conservée dans ladite Eglise; lesquelles Reliques, après avoir été vérifiées et déclarées authentiques, y avoient été solennellement transférées par un de nos prédécesseurs, nous avons de nouveau procédé à leur vérification et constaté leur identité (*). Le respect pour ces Reliques précieuses, la reconnoissance pour le bienfait qui nous les a rendues, exigeoient qu'elles ne fussent pas exposées à la vénération des Fidèles, sans que nous en fissions de nouveau une translation solennelle dans notre Eglise Métropolitaine, où elles demeureront réunies aux autres Reliques

(*) Voyez la *Notice abrégée* à la suite du Mandement.

insignes de la Passion de Notre-Seigneur dont elle est déjà enrichie.

C'est pourquoi, après en avoir conféré avec nos vénérables Frères les Chanoines et Chapitre de notre Métropole, nous avons ordonné et ordonnons ce qui suit:

1° Vendredi 22 de ce mois, jour de la fête des Cinq Plaies de Notre-Seigneur, après Complies, le Chapitre Métropolitain et le Clergé qui aura désiré s'y réunir se rendront processionnellement à l'Archevêché, au lieu où auront été déposées les saintes Reliques, en chantant le Psaume 50, *Miserere meí, Deus.*

2° Avant de lever les Reliques, on chantera l'Antienne *Super omnia ligna.* (*Off. du Vendredi-Saint.*)

3° Pendant la translation, on chantera l'Hymne *Vexilla Regis.*

4° A la déposition dans l'Eglise Métropolitaine, on chantera trois fois la strophe *O Crux ave,* suivie de la Doxologie, du verset des deuxièmes Vêpres et de l'Oraison de la fête des Cinq Plaies.

5° Après l'Instruction, on fera l'adoration de la Croix, pendant laquelle on chantera l'Hymne *Pange lingua gloriosi prælium certaminis,* (*Off. du Vendredi-Saint*) et la Prose *Stabat mater.*

6° On récitera les cinq *Pater* et les cinq *Ave* avec *Gloria Patri.* L'Exercice sera terminé par la bénédiction avec le saint Ciboire.

Ce jour, à trois heures, ces mêmes Prières seront récitées dans les Communautés et Maisons religieuses de notre Diocèse.

Le même jour, à la même heure, la cérémonie de la Translation des saintes Reliques de la Passion sera annoncée par le son du bourdon. Nous exhortons les Fidèles qui ne pourront y assister, à s'unir au moins de cœur à ces prières.

Et sera notre présent Mandement lu au Prône des Eglises paroissiales, publié et affiché partout où besoin sera.

Donné à Paris, en notre Palais Archiépiscopal, sous notre seing, le sceau de nos armes, et le contre-seing du Secrétaire de notre Archevêché, le 12 février 1828.

† HYACINTHE, *Archevêque de Paris.*

Par Mandement de Monseigneur,

TRESVAUX, *Chanoine Secrétaire.*

NOTICE

ABRÉGÉE

SUR LES RELIQUES ET LES INSTRUMENS

DE LA PASSION

DE NOTRE SEIGNEUR JÉSUS-CHRIST,

QUI SE CONSERVENT AUJOURD'HUI DANS LE TRÉSOR DE L'ÉGLISE MÉTROPOLITAINE DE PARIS (1).

Les principales Reliques de la Passion de notre Seigneur Jésus-Christ qui se conservent aujourd'hui dans le trésor de l'Eglise Métropolitaine de Paris, sont : 1° plusieurs portions considérables de la vraie Croix ; 2° la sainte Couronne d'épines ; 3° deux portions considérables des Clous qui ont servi au crucifiement.

§ I. DU BOIS SACRÉ DE LA CROIX.

I. Découverte miraculeuse de la sainte Croix, sous l'empereur Constantin.

La Croix de notre Seigneur Jésus-Christ, après avoir été long-temps inconnue aux hommes, fut

---

(1) Extrait d'une Notice plus étendue, publiée, avec les pièces justificatives, par ordre de Mgr l'Archevêque ; 1 vol. in-8°, orné de cinq gravures en taille-douce : prix, 3 francs, chez Adrien Le Clerc et Cie.

miraculeusement découverte sous l'empereur Constantin, l'an 326 de l'ère chrétienne. Voici comment le fait est rapporté par les auteurs contemporains.

Depuis l'empereur Adrien, les païens n'avoient rien oublié pour profaner les saints lieux consacrés par les mystères de la vie et de la Passion de Notre-Seigneur. Ils avoient fait du Calvaire en particulier un lieu d'idolâtrie et de superstition. Ils avoient comblé la grotte du saint Sépulcre, élevé une grande terrasse au-dessus, et bâti en cet endroit un temple à Vénus, afin que les chrétiens parussent adorer cette fausse divinité, lorsqu'ils viendroient y rendre leur culte à Jésus-Christ. Constantin, résolu de rétablir l'honneur de ce saint lieu, donna ordre d'y construire une église. Il écrivit pour cet objet à saint Macaire, évêque de Jérusalem, et à Dracilien, gouverneur de la province, leur recommandant de ne rien négliger pour la magnificence de l'édifice. Sainte Hélène, mère de l'Empereur, et convertie au christianisme par ses soins, voulut se charger elle-même de veiller à l'exécution. Elle se transporta donc à Jérusalem, vers la fin de l'année 326, s'informa exactement de l'endroit où Jésus-Christ avoit été crucifié, et de toutes les autres circonstances de sa Passion. D'après ces informations, elle fit abattre l'idole et le temple de Vénus qui profanoient les lieux consacrés par la mort et la résurrection du Sauveur. On enleva ensuite les terres, et l'on creusa si avant, que l'on découvrit enfin le saint Sépulcre. On trouva aussi tout auprès trois croix de même grandeur et de même forme, avec les clous qui avoient percé les pieds et les mains du Sauveur, et le titre qui avoit été attaché au haut de sa croix. Il étoit naturel de penser que l'une des trois croix étoit celle qu'on cherchoit, et que les deux autres étoient celles des malfaiteurs au milieu desquels Jésus-Christ avoit été crucifié. Mais on ne savoit comment les distinguer, le titre étant, à ce qu'il paroît, séparé des trois croix. Dans cet embarras, on consulta saint Macaire, évêque de Jérusalem, à qui Dieu inspira un moyen de lever la difficulté : et il se fit à cette occasion un miracle dont les circonstances furent si éclatantes et si publiques, qu'elles ne laissèrent plus aucun doute sur celle des trois croix qui avoit servi d'instrument au salut du monde.

II. Ce que devint la Croix de Jésus-Christ depuis sa découverte miraculeuse.

La pieuse impératrice, ravie de joie d'avoir trouvé le riche trésor qu'elle souhaitoit si ardemment, le partagea en deux parties principales, dont elle envoya l'une à l'empereur son fils, et laissa l'autre à Jérusalem. Elle fit enchâsser cette dernière portion, qui étoit la plus considérable, dans une boîte d'argent, qu'elle remit entre les mains de saint Macaire, patriarche de Jérusalem, pour conserver à la postérité ce précieux monument du grand mystère de la rédemption des hommes. On le garda soigneusement dans l'*Eglise du saint Sépulcre*, qui fut alors bâtie avec toute la magnificence dont nous avons parlé plus haut ; et où l'on accourut bientôt de tous côtés pour vénérer ce bois sacré. Les pèlerins les plus distingués regardoient comme une insigne faveur d'en obtenir quelque parcelle. L'évêque seul avoit le pouvoir d'accorder cette grâce ; mais il l'accordoit dès ces premiers temps à un si grand nombre de personnes, qu'au témoignage de saint Cyrille de Jérusalem, qui écrivoit environ vingt-cinq ans après la découverte de la sainte Croix, ce précieux trésor fut en peu de temps *répandu par tout le monde*.

Constantin de son côté reçut avec beaucoup de vénération la partie du bois sacré que sa pieuse mère lui avoit envoyée; et aussitôt qu'on eut achevé la nouvelle ville de Constantinople, c'est-à-dire, vers l'an 330, il fit mettre une portion de la sainte Relique dans sa statue élevée au milieu de la grande place sur une colonne de porphyre, persuadé que ce pieux monument seroit, pour la ville impériale, une sauve-garde assurée contre toutes sortes de dangers. Le concours des pélerins pour vénérer la sainte Croix n'étoit guère moindre à Constantinople qu'à Jérusalem; et les empereurs chrétiens, à l'exemple des Patriarches de Jérusalem, ne faisoient pas difficulté d'en accorder assez souvent quelques portions à d'illustres personnages. Constantin lui-même en fit porter un morceau considérable à Rome, pour être placé dans l'église de Sainte-Croix de Jérusalem, qui fut bâtie à cette époque.

Environ trois siècles après la découverte miraculeuse de la sainte Croix, la ville de Jérusalem eut la douleur de se voir privée pour un temps de la sainte Relique, qu'elle regardoit comme son plus précieux trésor. Chosroès, roi des Perses, ayant pris cette ville, emporta avec lui toutes ses richesses, qui consistoient principalement en vases sacrés et en reliques. Parmi celles-ci, étoient plusieurs morceaux de la vraie Croix, enfermés dans une boîte d'argent sous le sceau du patriarche de Jérusalem, et qui demeurèrent ainsi au pouvoir des Perses pendant l'espace de quatorze ans. Mais après la mort de Chosroès, Héraclius les recouvra des mains de Siroès, son fils et son successeur, par un traité de paix qu'il fit avec lui l'an 628. A cette époque, on trouva la sainte Relique dans l'état où elle avoit été enlevée, les Perses n'ayant pas même ouvert la boîte qui la renfermoit, comme on s'en assura par l'inspection des sceaux qui furent trouvés entiers.

Après cette vérification, la sainte Croix fut solennellement replacée dans l'église du Saint-Sépulcre. L'empereur lui-même voulut porter sur ses épaules et nu-pieds, jusqu'au sommet du Calvaire, le bois sacré qu'il regardoit comme le plus glorieux trophée de ses victoires. Cette imposante cérémonie fut un sujet de joie pour toute l'Église, qui en célèbre encore la mémoire le 14 septembre, jour de *l'Exaltation de la sainte Croix*. L'apparition miraculeuse de la sainte Croix à Constantin, et la découverte de la Croix par sainte Hélène, avoient déjà fait établir cette fête, qui devint beaucoup plus solennelle depuis l'événement important que nous venons de rapporter.

Les différentes portions de la vraie Croix que l'on a vénérées dans les diverses églises de la chrétienté, depuis la découverte de ce bois sacré, y sont venues, directement ou indirectement, de l'une des deux grandes églises de Jérusalem ou de Constantinople. Parmi les nombreuses reliques de ce genre que la France possédoit avant la révolution, la principale se conservoit à la Sainte-Chapelle de Paris, où elle avoit été apportée de Constantinople en 1241. L'empereur Baudouin II, ayant été réduit à la triste nécessité d'engager aux Templiers plusieurs morceaux considérables de la vraie Croix, avec d'autres reliques de la chapelle impériale, pour remplir le vide occasionné dans son trésor par le fléau de la guerre, saint Louis, instruit de la résolution qu'il avoit prise, lui envoya des personnes de confiance, avec l'argent nécessaire pour retirer ces précieux objets. Ils furent apportés en France en 1241, et solennellement transférés dans la chapelle du Palais, le 14 septembre de la même année. L'église de

Paris célèbre encore aujourd'hui la mémoire de cette translation le 14 septembre, jour même de l'*Exaltation de la sainte Croix.*

III. Origine des portions considérables de la vraie croix qui se conservent aujourd'hui dans l'Eglise métropolitaine de Paris.

L'Eglise métropolitaine de Paris possède aujourd'hui plusieurs portions considérables de la vraie Croix, dont nous allons exposer en peu de mots l'origine.

1° La première est la *vraie Croix d'Anseau,* ainsi nommée parce qu'elle fut envoyée en 1109 à l'évêque et au chapitre de Paris, par un ancien chanoine de cette Eglise, nommé *Anselle* ou *Anseau,* alors grand-chantre de l'Eglise du Saint-Sépulcre de Jérusalem. Anseau lui-même, dans les lettres qu'il écrivit à Galon, évêque de Paris, et à son chapitre, en leur envoyant cette précieuse Relique, nous apprend qu'il la tenoit immédiatement de la supérieure des religieuses Géorgiennes de Jérusalem, qui, avant de venir habiter cette ville, avoit été mariée à David, roi de Géorgie. Cette pieuse reine, en quittant sa patrie après la mort de son époux, avoit emporté avec elle une partie de ses trésors, et spécialement la portion de la vraie Croix dont il s'agit, et qui provenoit de la partie du bois sacré que sainte Hélène avoit laissée à Jérusalem.

Anseau envoya donc à l'évêque et au chapitre de Paris ce riche présent par un clerc de cette Eglise nommé Anselme. Celui-ci étant arrivé à Fontenay, près Bagneux, fit avertir de son arrivée l'évêque et les chanoines, qui se rendirent auprès de lui, et accompagnèrent solennellement la sainte Relique dans l'Eglise de Saint-Cloud, où ils la déposèrent le vendredi 30 juillet 1109. De là ils la transportèrent avec beaucoup de pompe, le dimanche suivant, dans l'Eglise cathédrale. Les évêques de Meaux et de Senlis, avec les processions des paroisses voisines, assistèrent à cette translation, dont l'Eglise de Paris célèbre encore aujourd'hui la mémoire le premier dimanche du mois d'août, jour de la *Susception de la sainte Croix*.

En 1793, lorsque la Municipalité de Paris eut fait enlever les objets précieux qui se conservoient dans le trésor de l'Eglise métropolitaine, M. Guyot de Sainte-Hélène, alors président du *Comité révolutionnaire* de la *section de la Cité*, obtint la permission de garder *la Croix d'Anseau*, qu'il partagea avec M. l'abbé Duflost, gardien du trésor de Notre-Dame. De la partie qu'il s'étoit réservée, M. Guyot de Sainte-Hélène forma depuis quatre croix différentes, dont trois seulement ont été rendues jusqu'ici à l'Eglise métropolitaine. Avant cette restitution, M. Guyot de Sainte-Hélène eut la précaution de faire reconnoître les débris de l'ancienne Croix d'Anseau par plusieurs anciens chanoines et dignitaires de la Métropole, et spécialement par un ancien trésorier du Chapitre, qui avoit des notions exactes sur la sainte Relique et sur toutes les circonstances qui pouvoient servir à en attester la conservation. Ce ne fut qu'après ces précautions que Mgr le cardinal de Belloy, archevêque de Paris, prononça lui-même en 1803 l'authenticité des trois croix rendues à la Métropole, et permit de les exposer de nouveau à la vénération des fidèles.

2° Parmi les différentes portions de la vraie Croix qui se conservent aujourd'hui dans le trésor de l'Eglise métropolitaine, la plus considérable provient de la riche collection des Reliques de la Passion de Notre-Seigneur, conservées autrefois à la Sainte-Chapelle de Paris.

A l'époque de la révolution, l'Assemblée nationale ayant supprimé tous les chapitres, la Municipalité de Paris fit mettre les scellés sur le trésor de la Sainte-Chapelle; mais bientôt après, Louis XVI, voulant pourvoir à la conservation des saintes Reliques, donna ordre à M. Gilbert de la Chapelle, conseiller du Roi en ses conseils, de les retirer du trésor de la Sainte-Chapelle, et de les transporter provisoirement à l'abbaye de Saint-Denis. Cet ordre fut exécuté le 12 mars 1791, par M. de la Chapelle et M. l'abbé de Fénelon, aumônier du Roi, en présence de M. le président de la Chambre des Comptes, de M. Lourdet, commissaire particulier de ladite Chambre pour la Sainte-Chapelle de Paris, et du trésorier de la même Église. Les commissaires de la municipalité de Paris y furent aussi appelés pour reconnoître et lever les scellés qu'ils y avoient mis. Au sortir de la Sainte-Chapelle, M. l'abbé de Fénelon et M. de la Chapelle allèrent au château des Tuileries pour montrer les Reliques au Roi, qui avoit demandé à les voir; et le même jour, ils les transportèrent et les déposèrent au trésor de l'abbaye de Saint-Denis, où elles demeurèrent jusqu'au lundi 11 novembre 1793. Dans la nuit qui suivit ce jour, les saintes Reliques furent enlevées par la Municipalité de Saint-Denis, et apportées à Paris, pour *en faire hommage à la Convention*, suivant l'expression du temps, comme d'*objets servant d'aliment à la superstition*. La Convention envoya les Reliques à son Comité des *Inspecteurs de la salle*, qui chargea un de ses membres, nommé *Sergent*, de les porter à l'Hôtel des Monnoies. Là on brisa les reliquaires, qui, aux yeux d'un gouvernement impie, étoient la partie la plus précieuse des richesses enlevées aux églises; après quoi on fit porter les Reliques à la *Commission temporaire des Arts*, qui fut alors établie pour examiner les objets enlevés aux divers établissemens publics, et pour faire le discernement de ceux qui méritoient d'être conservés. Ce fut pendant cet examen que M. Jean Bonvoisin, peintre, membre de la Commission, eut le bonheur de sauver en grande partie la portion de la vraie Croix que l'on avoit coutume d'exposer en certains jours à l'adoration des fidèles dans l'église de la Sainte-Chapelle. Comme on paroissoit faire très-peu de cas de ces objets sacrés, dépouillés de leurs riches ornemens, M. Bonvoisin eut la liberté de prendre sur la table où ils étoient rassemblés, la précieuse Relique dont nous venons de parler. Il s'empressa de la porter à sa mère, qui étoit une dame recommandable par sa piété, et qui, après l'avoir conservée religieusement pendant la révolution, se fit un devoir de la remettre en 1804 au Chapitre de Paris. M. Bonvoisin et sa pieuse mère attestèrent depuis avec serment, chacun pour ce qui les concernoit, la vérité des faits que nous venons de rapporter. D'après cette déclaration, qui eut lieu le 13 avril 1808, Mgr le cardinal de Belloy, alors archevêque de Paris, fit enfermer, avec toutes les précautions convenables, cette précieuse portion de la vraie Croix dans le reliquaire de cristal où on la voit aujourd'hui.

3° L'Eglise métropolitaine a été enrichie, à la fin de l'année dernière, d'une nouvelle portion de la vraie Croix, non moins authentique que celles dont nous venons de parler. C'est de la *Croix palatine*, ainsi appelée parce qu'elle a autrefois appartenu à Anne de Gonzague de Clèves, princesse palatine, qui la laissa par testament à l'église de l'abbaye de Saint-Germain des Prés, à Paris (1).

---

(1) La princesse palatine dont il est ici question est la même dont Bossuet prononça l'oraison funèbre en 1685.

Voici ce qu'on lit à ce sujet dans l'*Histoire de l'abbaye de Saint-Germain-des-Prés*, publiée en 1724, par dom Bouillart : « L'église de l'Abbaye fut en-
» richie en 1684 de plusieurs Reliques très-consi-
» dérables que Mme Anne de Gonzague de Clèves,
» princesse de Mantoue et de Montferrat, veuve
» du prince Edouard de Bavière, prince Palatin
» du Rhin, lui avoit laissées par son testament,
» en date du 8 juin 1683, dont voici le contenu :

» Je donne le Clou de Notre-Seigneur, avec
» tous les papiers qui en autorisent la vérité et la
» permission de l'adorer, aux Pères Bénédictins
» de l'abbaye de Saint-Germain-des-Prés. Je donne
» encore ma croix de pierreries avec la sainte vraie
» Croix, *que j'atteste avoir vue dans les flammes
» sans brûler.* Cette Croix est double comme celles
» de Jérusalem, et il y a une double Croix d'or
» avec des gravures de lettres grecques. Je donne
» encore à l'abbaye de Saint-Germain les Reliques
» que j'ai de saint Casimir, etc. etc.

» Ces Reliques, et les lettres authentiques qui
» en prouvent la vérité, avoient été examinées en
» 1673 par le sieur Benjamin, grand-vicaire du
» diocèse de Paris, chargé de cette commission par
» M: de Harlay, archevêque de Paris. Nonobstant
» cela, dom Claude Bretagne, prieur de l'Abbaye,
» fut encore délégué par le même archevêque pour
» procéder à une seconde vérification, qu'il fit
» le 22 septembre de la présente année 1684. Les
» exécuteurs testamentaires lui remirent les Reli-
» ques entre les mains, et après les avoir exami-
» nées, dom Jean Barré les reçut au nom des reli-
» gieux de Saint-Germain, qui l'avoient chargé de
» leur procuration. On lui donna aussi le procès-
» verbal du sieur Benjamin, où il est fait mention
» des mêmes Reliques et des papiers qui en cer-
» tifient la vérité.

» Ce qu'il y a de plus remarquable dans la Croix
» dont nous venons de parler, c'est une inscription
» grecque qui se lit dans le revers, laquelle est
» composée de deux vers iambiques, dont le pre-
» mier et la moitié du second sont sur la ligne
» droite, et l'autre moitié sur le travers du grand
» croisillon. Sur le petit il y a d'un côté Ιησῦς, c'est-
» à-dire *Jésus*, et de l'autre, Χριςός, c'est-à-dire
» *Christus*. Le nom de *Manuel Comnène*, empe-
» reur de Constantinople, qui y est inséré, fait
» certainement connoître que cette Croix vient
» de lui. L'on prétend qu'il en fit présent à un
» prince de Pologne, et qu'elle a été conservée
» précieusement dans le trésor de la couronne.
» On en peut voir la gravure dans l'*Histoire de*
» *l'abbaye de Saint-Germain-des-Prés*.

» Cette Croix est haute de huit pouces, sans y
» comprendre son pied de vermeil de pareille hau-
» teur, et orné de pierreries en divers endroits.
» Elle a deux travers, comme les croix de Jérusa-
» lem, qui sont remplis de bois de la vraie Croix.
» Elle est bordée partout de diamans et d'améthys-
» tes. La princesse palatine l'avoit reçue en présent
» de Jean-Casimir, roi de Pologne, qui l'avoit
» tirée du trésor de la couronne, et apportée avec
» lui lorsqu'il se retira en France. Il se trouve
» peu de portions de la vraie Croix plus considé-
» rables et mieux attestées; car, outre les procès-
» verbaux et les autres titres, vus et examinés par
» le sieur Benjamin, les lettres grecques marquent
» l'antiquité de l'inscription et la vérité de la Re-
» lique. Ce qui l'autorise encore davantage, c'est
» le miracle évident dont parle la princesse dans
» son testament, et qu'elle témoigna en mourant
» avoir vu de ses yeux, que cette Croix ayant été
» jetée dans le feu, y resta du temps sans en rece-
» voir aucun dommage. Madame la duchesse de

« Brunswick, fille de madame la princesse pala-
» tine, a aussi assuré que ce prodige étoit arrivé en
» présence de plusieurs princes et princesses, et de
» quelques personnes de qualité.....
» Des Reliques si considérables laissées à l'abbaye
» Saint-Germain par une si pieuse princesse, et
» délivrées avec l'agrément et par les ordres de
» mesdames les duchesses d'Anguien et de Bruns-
» wick, demandoient qu'on les transférât de l'hô-
» tel de la princesse à l'église de l'Abbaye avec toute
» la solennité convenable. Le jour de saint Michel,
» 29 septembre, fut choisi pour cette cérémo-
» nie. Le Père dom Claude Bretagne, prieur de
» Saint-Germain, supplia, au nom de la commu-
» nauté, M. de Harlay, archevêque de Paris, de
» faire cette translation par une procession solen-
» nelle. Tout le clergé séculier ou régulier du
» faubourg y assista; les religieux de l'Abbaye
» tinrent le chœur, et M. l'Archevêque, revêtu
» de ses habits pontificaux, officia. Quand la pro-
» cession fut arrivée dans l'église de l'abbaye, les
» saintes Reliques furent déposées sur un petit au-
» tel préparé au milieu du sanctuaire; puis il en-
» tonna le *Te Deum*, qui fut chanté par les reli-
» gieux, et à la fin il donna la bénédiction. »

A l'époque de la révolution, c'est-à-dire au mois de novembre 1793, huit jours avant la spoliation du trésor de l'Abbaye, M. Roussineau, ancien curé de la Sainte-Chapelle de Paris, alors curé constitutionnel de l'église de Saint-Germain-des-Prés, et qui revint ensuite un des premiers à l'unité catholique, retira ces précieux objets du riche reliquaire où ils étoient enchassés, et les enveloppa soigneusement de rubans scellés de son sceau, et de celui de dom Lièble, prêtre, ancien maître des cérémonies et bibliothécaire de l'Abbaye. Non content de ces précautions, il fit reconnoître ces objets en 1797 par M. de Dampierre, vicaire-général de Paris, et aujourd'hui évêque de Clermont. Après cette vérification, M. de Dampierre renferma les saintes Reliques dans une boîte de bois, qu'il scella des sceaux de M. de Juigné, alors archevêque de Paris. Cette boîte ainsi scellée fut conservée depuis par M. Roussinau, jusqu'à sa mort, qui arriva le 2 octobre 1827 à Dourdan, diocèse de Versailles, où il étoit curé. Il avoit plusieurs fois manifesté le désir de remettre cette boîte à M. de Quelen, archevêque de Paris, et elle lui fut en effet remise par ses héritiers le 25 octobre du même mois, scellée des mêmes sceaux de M. de Juigné, que M. de Dampierre y avoit apposés en 1797.

M. l'archevêque de Paris, après avoir vérifié les sceaux, les avoir reconnus sains et entiers, a de nouveau constaté l'authenticité de la Relique : il l'a ensuite fait placer dans une riche croix de vermeil élégamment travaillée, fermée de deux cristaux, en sorte que l'on peut distinguer parfaitement d'un côté le bois de la vraie Croix, et de l'autre les lames d'or dont elle est demeurée revêtue, ainsi que l'antique inscription grecque qui se lit sur le revers. Le 22 février 1828, jour de la fête des Cinq Plaies de Notre-Seigneur, on fit une translation solennelle de cette précieuse Relique dans l'église de Notre-Dame, où elle fut confiée à la garde du Chapitre métropolitain.

§ II. DE LA SAINTE COURONNE D'ÉPINES.

I. Histoire de la sainte Couronne d'Épines avant la révolution.

Ce fut en 1238 que Baudouin II, empereur de Constantinople, fit don à saint Louis de cette insigne Relique, qui se conservoit de temps immémorial dans la chapelle des empereurs grecs. Étant venu en France pour chercher du secours contre les Bulgares, il apprit que ses ministres, pour subvenir aux besoins extrêmes de l'Empire, songeoient à engager la sainte Couronne à des étrangers. À cette nouvelle, soit qu'il se piquât de générosité pour les bienfaits dont saint Louis l'avoit déjà comblé, soit qu'il espérât qu'un si riche présent lui attireroit infailliblement de nouvelles marques de la munificence du saint Roi, il le supplia de vouloir bien accepter la sainte Couronne. « Je » sais certainement, lui dit-il, que les seigneurs » enfermés dans Constantinople sont réduits à » une telle extrémité, qu'ils seront obligés de ven- » dre la sainte Couronne à des étrangers, ou du » moins de la donner en gage. C'est pourquoi je » désire ardemment de vous faire passer ce pré- » cieux trésor, à vous, mon cousin, mon seigneur » et mon bienfaiteur, et au royaume de France, » ma patrie. Je vous prie donc de vouloir bien le » recevoir en pur don. » Saint Louis accepta cette offre avec tout l'empressement d'une piété aussi tendre que solide et généreuse, et il ne perdit pas un moment pour s'assurer un dépôt si précieux, qui pouvoit lui être enlevé par divers contre-temps. Il envoya aussitôt à Constantinople deux religieux Dominicains, Jacques et André, dont l'un ayant été prieur dans un couvent de cette ville, avoit vu plus d'une fois la sainte Couronne, et étoit bien instruit de tout ce qui la concernoit. Baudoin fit partir avec eux un de ses officiers, avec des lettres patentes par lesquelles il ordonnoit aux seigneurs de délivrer la sainte Relique aux envoyés du Roi. Ceux-ci, étant arrivés à Constantinople, trouvèrent que les ministres de l'Empereur, pressés par une extrême nécessité, avoient déjà engagé la sainte Couronne aux Vénitiens, pour une grosse somme d'argent, à condition que, si on ne la retiroit de leurs mains dans le terme convenu, qui étoit assez court, elle appartiendroit aux Vénitiens, et qu'en attendant elle seroit transportée à Venise. Les ministres de l'empereur, ayant lu ses lettres, convinrent avec les Vénitiens que la sainte Couronne seroit portée à Venise par les envoyés du Roi, accompagnés des ambassadeurs et des principaux citoyens de Constantinople ; qu'étant arrivés à Venise, les envoyés du Roi paieroient aux Vénitiens les sommes convenues, et se chargeroient ensuite de transporter en France le sacré dépôt.

Avant de quitter Constantinople, toutes les précautions furent prises pour constater l'authenticité et la conservation de la sainte Relique. La caisse qui la renfermoit fut scellée des sceaux des seigneurs français. La confiance de ceux qui devoient la transporter éleva leur ame au-dessus de la crainte de tous les périls ; car ils ne firent pas difficulté de s'embarquer vers Noël de l'année 1238, c'est-à-dire, dans la saison la moins propre à la navigation. Cette confiance fut pleinement justifiée, et le danger des tempêtes ne fut pas le seul auquel ils échappèrent heureusement. L'empereur grec Vatace, étant instruit de cette translation, mit en mer plusieurs galères pour surprendre le vaisseau des Latins avec le sacré dépôt qu'il portoit ; mais la main qui le conservoit depuis tant de siècles le fit arriver à Venise sans aucun fâcheux accident.

Aussitôt qu'on y fut arrivé, on déposa la sainte Couronne dans le trésor de la chapelle de Saint-Marc. André, l'un des envoyés de saint Louis, resta pour la garder, tandis que Jacques, son compagnon, se rendit promptement auprès du Roi, pour l'informer de l'état des choses. Le religieux monarque, ravi de joie à cette nouvelle, ne balança point à confirmer l'accord fait avec les Vénitiens; et de concert avec l'empereur Baudouin, il renvoya Jacques à Venise, avec des ambassadeurs chargés d'ordonner aux marchands français qui se trouvoient dans cette ville, de payer les sommes promises. Sa précaution alla jusqu'à demander à Frédéric, empereur d'Allemagne, une escorte pour protéger le transport de la sainte Couronne en France. Les Vénitiens eussent bien voulu s'y opposer; mais, ne pouvant aller contre le traité, ils consentirent à l'exécution, et les ambassadeurs du Roi, ayant reconnu les sceaux, reprirent le chemin de la France. Gauthier, archevêque de Sens, que le Roi chargea dans la suite d'écrire l'histoire de cette translation, rapporte à ce sujet une particularité que nous ne devons pas omettre : c'est que, pendant tout ce voyage il ne tomba pas une seule goutte d'eau sur ceux qui portoient ou qui accompagnoient la sainte Relique, quoique le ciel fût extrêmement chargé, et qu'il plût très-souvent, lorsqu'ils étoient arrivés aux lieux où ils devoient s'arrêter.

Quand ils furent à Troyes en Champagne, ils en donnèrent avis au roi, qui partit en diligence, accompagné de la Reine sa mère, des princes ses frères, de plusieurs prélats et seigneurs de sa cour. Ce fut le 10 août 1239, jour de saint Laurent, qu'on rencontra la sainte Couronne, à Villeneuve-l'Archevêque, à cinq lieues de Sens. On ouvrit d'abord la caisse de bois qui renfermoit la sainte

Relique, et l'on en vérifia les sceaux, avec les actes qui en établissoient l'authenticité. On ouvrit ensuite la châsse d'argent, puis le vase d'or qui renfermoit la sainte Couronne, et on la fit voir au Roi et à tous les assistans. L'archevêque de Sens, qui étoit présent, dit qu'on se figureroit difficilement les vives émotions que le Roi, la Reine, et tant d'illustres personnages qui assistoient à l'ouverture de la châsse, éprouvèrent en ce moment, par l'impression religieuse que ce spectacle excitoit dans leurs ames.

Le lendemain, onzième jour d'août, la Relique fut portée à Sens. A l'entrée de la ville, le Roi et Robert son frère, comte d'Artois, la prirent sur leurs épaules, étant l'un et l'autre nu-pieds, et vêtus d'une simple robe de laine. Ils étoient suivis des prélats et des seigneurs, qui marchoient aussi nu-pieds. Un clergé nombreux les précédoit avec les Reliques des églises voisines, et environné d'un peuple infini qui ne respiroit que la modestie et la componction. On eût dit que les sentimens du Roi avoient passé dans tous les assistans. On porta ainsi la sainte Couronne à l'Eglise métropolitaine, où elle fut exposée le reste du jour à la vénération du peuple. Le lendemain, le Roi partit pour Paris, où se fit, huit jours après, la réception solennelle de la sainte Relique. On avoit dressé dans la campagne, près l'église de Saint-Antoine, une estrade fort élevée, d'où l'on montra la châsse à tout le peuple. Le Roi et son frère la portèrent ensuite sur leurs épaules à l'Eglise cathédrale, avec les mêmes marques d'humilité et de respect qu'ils avoient fait à Sens. Après avoir chanté l'office, on alla déposer la châsse dans la chapelle du Palais, qui étoit alors sous l'invocation de saint Nicolas. Depuis cette époque, l'Eglise de Paris célèbre chaque année la mémoire de cette translation solennelle le onzième jour d'août.

II. Histoire de la sainte Couronne d'épines depuis la révolution.

On a vu plus haut qu'à l'époque de la révolution, les Reliques de la Sainte-Chapelle, après avoir été d'abord portées à Saint-Denis, au mois de mars 1791, avoient été transférées, en 1793, à *l'Hôtel des Monnoies*. Là on dépouilla la sainte Couronne de son reliquaire; on la rompit en trois parties à peu près égales, et on en porta les débris, avec les autres Reliques de la Sainte-Chapelle et de Saint-Denis, à la *Commission temporaire des Arts*, où ils furent mis sous la garde du secrétaire de cette Commission, nommé *Oudry*. Ce fut des mains de ce dernier que l'abbé Barthélemy, un des conservateurs des médailles antiques de la *Bibliothèque nationale*, obtint, en 1794, les débris de la sainte Couronne, pour les conserver parmi les objets confiés à sa garde. La sainte Couronne demeura ainsi à la *Bibliothèque nationale* jusqu'au mois d'octobre 1804. A cette époque, Mgr le cardinal de Belloy, archevêque de Paris, ayant été bien instruit de tous ces détails, et jugeant les circonstances favorables pour réclamer la sainte Couronne, avec plusieurs autres Reliques déposées dans le même établissement, s'adressa pour cet objet à M. Portalis, alors ministre des cultes, et en même temps ministre de l'intérieur par *interim*. Celui-ci donna ordre à M. Millin, conservateur des médailles antiques, de remettre les Reliques à l'église Notre-Dame, et M. Millin les remit en effet, le 26 octobre 1804, à M. l'abbé d'Astros, grand-vicaire de Paris, maintenant évêque de Bayonne.

Après le recouvrement de cette précieuse Relique, M. l'archevêque de Paris, avant de l'exposer de nouveau à la vénération publique, se procura tous les renseignemens propres à en certifier la conservation. Le transport de la sainte Couronne à Saint-Denis en 1791, et l'identité de la couronne remise en 1804 avec celle qui avoit été déposée en 1791 au trésor de l'abbaye de Saint-Denis, furent établis par les témoignages uniformes de plusieurs personnes d'une sagesse et d'une probité à l'abri de tout soupçon. Tant de témoignages réunis ayant pleinement dissipé tous les doutes, et ne permettant même plus de former à ce sujet la moindre difficulté, Mgr le cardinal de Belloy ne balança plus à rendre à la vénération publique une Relique si précieuse, et elle fut transférée avec une grande pompe dans l'église de Notre-Dame, le dimanche 10 août 1806.

§ III. Des clous qui ont percé les pieds et les mains du Sauveur.

On a vu plus haut que sainte Hélène avoit trouvé, avec la Croix de Jésus-Christ, les Clous qui avoient servi à le crucifier. Les auteurs contemporains qui rapportent ce fait ne disent pas quel étoit le nombre des clous ; mais on convient généralement qu'il n'y en avoit pas moins de trois, et plusieurs savans, qui ont soigneusement examiné cette question, pensent qu'il devoit y en avoir quatre, soit parce que les plus anciennes images du crucifix représentent le Sauveur attaché à la Croix avec quatre clous, soit parce qu'il seroit difficile de supposer que les deux pieds eussent été attachés à la Croix avec un seul clou, sans qu'il se brisât quelqu'un des os ; ce qui seroit contraire à cette parole de l'Ecriture : *Vous ne briserez aucun de ses os.*

L'Eglise métropolitaine de Paris possède aujourd'hui deux portions différentes des saints Clous; l'une provenant du trésor de l'ancienne abbaye de Saint-Denis, et l'autre du trésor de l'abbaye Saint-Germain-des-Prés.

1° Une tradition très-ancienne regardoit le premier comme un présent fait à l'abbaye de Saint-Denis par l'empereur Charles-le-Chauve, qui l'avoit tiré d'Aix-la-Chapelle. Cette tradition, qui remonte bien au-delà du dixième siècle, est d'ailleurs confirmée par l'histoire, qui nous apprend que la chapelle de Charlemagne avoit été enrichie de plusieurs précieuses Reliques de la Passion de Notre-Seigneur, dont le patriarche de Jérusalem lui avoit fait présent. Quoi qu'il en soit de l'ancienneté de cette tradition, il est constant par l'histoire, que le saint Clou conservé de temps immémorial à Saint-Denis, s'y voyoit encore à l'époque de la révolution, dans un magnifique reliquaire, dont on peut voir le dessin dans l'*Histoire de l'abbaye de Saint-Denis*, par Félibien, p. 537.

En 1793, le saint Clou ayant été apporté à Paris avec les autres objets de ce genre provenant du trésor de l'abbaye de Saint-Denis, fut présenté à la *Commission temporaire des Arts,* dont nous avons déjà parlé. M. Le Lièvre, membre de l'Institut et inspecteur-général des mines, qui faisoit partie de cette commission, obtint la permission de prendre le saint Clou, comme un objet de minéralogie, qu'il vouloit examiner et analyser. L'ayant par ce moyen sauvé de la destruction et de la profanation, ainsi que plusieurs morceaux de la vraie Croix, qu'il lui fut aussi permis d'emporter, et qu'il partagea entre plusieurs personnes, il le conserva soigneusement jusqu'au mois d'avril 1824; à cette époque il le remit à M. l'archevêque de Paris, en lui assurant avec serment que c'étoit véritablement le saint Clou provenant du trésor de l'abbaye de Saint-Denis, qu'il avoit ainsi sauvé de la profanation en 1793. D'après ce témoignage, et d'après les enquêtes et examens préalables, M. l'archevêque reconnut la sainte Relique, et la fit placer dans le reliquaire où on la voit aujourd'hui.

2° Nous avons aussi rapporté plus haut l'origine du saint Clou provenant de l'abbaye Saint-Germain-des-Prés. Il avoit été légué en 1684 à cette abbaye par la princesse Palatine, qui l'avoit reçu, quelques années auparavant, du roi de Pologne Jean-Casimir. Ce prince lui-même l'avoit tiré du trésor de sa couronne, avec le morceau de la vraie Croix dont nous avons parlé ailleurs. Voici ce qu'on lit en particulier sur le saint Clou dans l'*Histoire de l'abbaye de Saint-Germain-des-Prés*. « La
» pointe d'un des clous dont notre Seigneur Jésus-
» Christ fut attaché à la croix, n'est pas moins
» avérée. Elle venoit aussi du trésor de la couronne
» de Pologne, et le roi Jean-Casimir, qui l'avoit
» apportée avec lui en France, en avoit gratifié la
» princesse Palatine. Le roi Michel, son successeur, le lui redemanda, comme une relique appartenant à sa couronne, et lui fit même des
» offres très-considérables ; mais la princesse en
» faisoit plus d'estime que de toutes les richesses
» du monde, et elle abandonna sans peine ces
» avantages temporels pour conserver un si précieux trésor. »

Le saint Clou fut examiné et reconnu avec la vraie Croix en 1673 et en 1674, par les vicaires-généraux de Paris, que M. de Harlai avoit chargés de cet examen. Depuis cette époque jusqu'à la révolution, il fut conservé avec la vraie Croix dans un magnifique reliquaire. Nous ne répéterons pas ici ce que nous avons dit au même endroit, sur la conservation de ces précieuses Reliques pendant la révolution, et sur la remise qui en a été faite à M. l'archevêque de Paris au mois d'octobre dernier, au nom de M. Roussineau. Cette Relique a été placée par ordre de M. l'archevêque dans un reliquaire de cristal en forme de clou, dont la tête et la pointe sont garnies de vermeil. Réunie à la Croix Palatine, elle a été également transférée à l'Eglise métropolitaine, et confiée à la garde du Chapitre, le 22 février 1828.

EXERCICE DE DÉVOTION

EN L'HONNEUR

DE LA PASSION DE N. S. JÉSUS-CHRIST

ET DE

LA COMPASSION DE LA SAINTE VIERGE.

AVIS.

Pour rendre plus familier et plus utile aux pieux fidèles l'Exercice de la dévotion à Jésus crucifié et mort pour notre salut, on a réuni dans ce Livre :

1º La *Passion de N. S. Jésus-Christ*, selon la concorde des quatre Evangélistes, et on l'a divisée en sept parties, afin que l'on puisse en lire une chaque Vendredi du Carême.

2º Trente-une *Méditations*, *en forme d'Elévations*, sur les différentes circonstances de *la Passion de N. S.* Elles pourront être utiles aux personnes à qui leur piété suggéreroit de s'occuper plus particulièrement de ce mystère pendant la sainte Quarantaine.

3º On a indiqué à la suite pour chaque Vendredi, deux Méditations sur les circonstances de la Passion qu'on devra honorer principalement ce jour-là, avec une *Prière à Marie mère de douleur*, pour remplir le but de l'Exercice institué dans l'Eglise Métropolitaine. On y trouve jointes aussi les Prières qui se chantent dans cet Exercice; savoir, le Psaume *Miserere meî Deus*, l'Hymne *Vexilla Regis*, et la Prose *Stabat Mater*.

4º Un *Précis des Méditations*, pour servir de mémorial aux fidèles qui voudront se rappeler, dans le cours de l'année, les sentimens qui les auront touchés en assistant à ce pieux Exercice, et qui auront résolu de former leur vie sur le modèle de Jésus crucifié.

5º Enfin quelques Prières touchantes pour unir nos souffrances à celles de Jésus-Christ, et pour se préparer à la mort; puisque c'est en cela que consiste tout le fruit que les chrétiens doivent retirer de la méditation des souffrances de leur divin Maître.

LA PASSION
DE N. S. JÉSUS-CHRIST,

SELON LA CONCORDE

DES QUATRE ÉVANGÉLISTES.

I. Jésus sortit avec ses disciples pour aller au-delà du torrent de Cédron, et il se retira, selon sa coutume, sur la montagne des Olives; et ses disciples le suivirent. Alors il se rendit avec eux à un village nommé *Gethsémani*, où il y avoit un jardin, dans lequel il entra, lui et ses disciples. Or Judas, qui le trahissoit, connoissoit aussi cet endroit-là, parce que Jésus s'y étoit souvent trouvé avec ses disciples. Demeurez ici, leur dit Jésus, pendant que j'irai faire ma prière dans ce jardin; et priez vous-mêmes, de peur que vous n'entriez en tentation. Ayant ensuite pris avec lui Pierre, Jacques et Jean, il fut saisi de frayeur, et accablé d'une tristesse extraordinaire. Mon ame, leur dit-il, est triste jusqu'à la mort; attendez ici, et veillez avec moi.

Puis s'étant un peu avancé, il s'éloigna d'eux à la distance d'un jet de pierre; il se mit à genoux, et pria en ces termes: Mon

Père, détournez de moi, s'il vous plaît, ce calice; cependant que votre volonté soit faite, et non pas la mienne. Alors il parut un ange du ciel, qui vint pour le fortifier; et étant tombé en agonie, il se prosterna le visage contre terre, et redoubla ses prières, afin que, s'il étoit possible, il fût délivré de cette heure. Mon Père, disoit-il, mon Père, exemptez-moi, s'il est possible, de boire ce calice; vous pouvez toutes choses, éloignez-le de moi; néanmoins, que ce ne soit pas ma volonté qui s'accomplisse, mais la vôtre. Aussitôt il se répandit sur tout son corps une sueur semblable à des gouttes de sang qui découloient jusqu'à terre.

Et s'étant levé du lieu où il prioit, il vint à ses disciples, qu'il trouva endormis de tristesse. Pourquoi dormez-vous? leur dit-il; levez-vous et priez, de peur que vous n'entriez en tentation. Et il dit à Pierre: Simon, vous vous livrez au sommeil! vous n'avez donc pu veiller même l'espace d'une heure avec moi? Veillez et priez de peur que vous n'entriez en tentation; car l'esprit est prompt, mais la chair est foible il se retira pour la seconde fois, et fit la même prière, en disant: Mon Père, si je ne puis éviter de boire ce calice, que votre volonté soit faite. Il revint ensuite vers ses disciples, et il les trouva encore endormis; car ils avoient les yeux appesantis, et ils ne savoient que lui répondre. Il les quitta encore, et pria pour la troisième fois, en répétant les mêmes paroles. Il revint à eux une troisième fois, et leur dit : Dormez maintenant, et reposez-vous; c'est assez, l'heure est venue, le Fils de l'homme va être livré entre les mains des pécheurs : levez-vous, marchons; celui qui doit me trahir n'est pas loin.

Il parloit encore, lorsque Judas Iscariote l'un des douze, ayant pris avec lui une compagnie de soldats, et des gens qui étoient envoyés et lui avoient été donnés par les princes des prêtres, par les Scribes les Pharisiens et les anciens du peuple, arriva escorté de cette multitude portant des épées et des bâtons, avec des lanternes des flambeaux et des armes. Or celui qui le trahissoit leur avoit donné ce signal : Celui à qui je donnerai un baiser, leur avoit-il dit, c'est l'homme que vous cherchez; assurez-vous de sa personne, et emmenez-le sous bonne garde. Ainsi dès qu'il fut arrivé, il s'avança à leur tête, et à l'instant il aborda Jésus pour lui donner le baiser, en lui adressant ces paroles : Maître, je vous salue. Et il lui donna le baiser. Mon ami, lui dit Jésus, à quel dessein êtes-vous venu? Quoi! Judas, vous trahissez le Fils de l'homme par un baiser!

A ces mots, sachant tout ce qui devoit

lui arriver, il s'avança, et leur dit: Qui cherchez-vous? Jésus de Nazareth, lui répondirent-ils. C'est moi, leur dit Jésus. Or Judas, qui le trahissoit, étoit aussi avec eux. Jésus leur ayant dit: C'est moi, ils tombèrent à la renverse. Il leur fit une seconde fois cette question: Qui cherchez-vous? Jésus de Nazareth, lui dirent-ils. Jésus répondit: Je vous ai déjà dit que c'est moi. Si c'est donc moi que vous cherchez, laissez aller ceux-ci. Par là s'accomplissoit cette parole qu'il avoit dite: De ceux que vous m'avez confiés, je n'en ai perdu aucun.

Aussitôt ils s'avancèrent, mirent les mains sur Jésus, et l'arrêtèrent. Or ceux qui étoient autour de lui, voyant ce qui alloit arriver; Seigneur, lui dirent-ils, frapperons-nous de l'épée? Alors Simon Pierre, l'un de ceux qui étoient avec Jésus, étendit la main, tira son épée, en donna un coup à un domestique du grand-prêtre, et lui coupa l'oreille droite; et ce domestique s'appeloit Malchus. Mais Jésus leur dit: Arrêtez; et lui ayant touché l'oreille, il le guérit. Puis adressant la parole à Pierre: Remettez, lui dit-il, votre épée dans le fourreau; car tous ceux qui se serviront de l'épée, périront par l'épée. Quoi! je ne boirai pas le calice que mon Père m'a préparé! Pensez-vous que je ne puisse prier mon Père, et qu'il ne me donneroit pas tout à l'heure plus de douze légions d'anges ? Mais comment s'accompliroient les Écritures, qui disent que cela doit arriver ainsi ?

Ensuite s'adressant aux princes des prêtres, aux officiers de la garde du temple et aux anciens, qui étoient venus pour le prendre : Vous êtes venus à moi, leur dit-il, comme à un voleur, avec des épées et des bâtons, pour vous saisir de ma personne : j'étois tous les jours assis au milieu de vous, enseignant dans le temple, et vous ne m'avez point arrêté ; mais voici votre heure, et le règne des ténèbres. Or toutes ces choses arrivèrent ainsi, afin que les oracles des prophètes fussent accomplis. Alors tous ses disciples prirent la fuite, et l'abandonnèrent.

II. Les soldats, le tribun et les gens envoyés par les Juifs, prirent Jésus, le lièrent, et l'amenèrent premièrement devant Anne, parce qu'il étoit beau-père de Caïphe, grand-prêtre de cette année, lequel avoit donné aux Juifs ce conseil : Qu'il étoit à propos que la vie d'un seul homme fût sacrifiée au bien public. Et Anne l'envoya lié au grand-prêtre Caïphe. La cohorte s'étant donc saisie de Jésus, le mena chez Caïphe, où tous les prêtres, les Scribes et les anciens s'étoient assemblés.

Pierre, avec un autre disciple, suivoit Jésus de loin ; et ce disciple étant connu du grand-prêtre, entra avec Jésus dans la cour : mais Pierre demeura dehors à la porte. L'autre disciple sortit ; et ayant parlé à la servante qui gardoit la porte, il fit entrer Pierre avec lui. Or les soldats et toute la troupe ayant allumé du feu au milieu de la cour, et s'étant assis à l'entour, Pierre s'assit parmi eux, et se chauffoit pour voir quelle seroit l'issue de cette affaire.

Le grand-prêtre interrogea donc Jésus sur ses disciples et sur sa doctrine. Jésus lui répondit : J'ai parlé publiquement au monde ; j'ai toujours enseigné dans la synagogue et dans le temple, où s'assemblent tous les Juifs, et je n'ai rien dit en secret : pourquoi m'interrogez-vous ? Interrogez ceux qui m'ont entendu ; vous saurez par là ce que je leur ai dit : ce sont eux qui peuvent vous rendre compte de ma doctrine. A ces mots, un des bas-officiers, qui étoit à côté de Jésus, lui donna un soufflet, en disant : Est-ce ainsi que tu réponds au grand-prêtre ? Si j'ai mal parlé, lui repartit Jésus, faites voir ce que j'ai dit de mal ; mais si j'ai bien parlé, pourquoi me frappez-vous ?

Cependant les princes des prêtres et tout le conseil cherchoient quelque faux témoignage contre Jésus, pour le faire mourir; et ils n'en trouvoient point, quoiqu'il se fût présenté beaucoup de faux témoins : car plusieurs portoient faux témoignage contre lui; mais leurs dépositions ne s'accordoient pas. Enfin il parut deux faux témoins, qui déposèrent contre lui en ces termes : Nous lui avons entendu dire : Je peux détruire le temple de Dieu, et le rebâtir trois jours après; je détruirai ce temple bâti par la main des hommes, et en trois jours j'en rebâtirai un autre, qui ne sera point leur ouvrage. Mais le témoignage de ces personnes n'étoit pas suffisant. Alors le grand-prêtre, se levant au milieu de l'assemblée, interrogea Jésus, et lui dit : Ne répondez-vous rien aux chefs d'accusation intentés contre vous? Mais Jésus garda le silence, et ne fit aucune réponse.

Dès que le jour parut, les anciens du peuple s'assemblèrent avec les princes des prêtres et les Scribes; et l'ayant fait venir dans leur assemblée : Si vous êtes le Christ, lui dirent-ils, faites-nous-en votre déclaration. Si je vous le déclare, leur répondit-il, vous ne me croirez pas, et si je vous interroge à mon tour, vous ne me répondrez point, et vous ne me rendrez point la liberté : mais bientôt le Fils de l'homme sera assis à la droite du Dieu tout-puissant.

Vous êtes donc le Fils de Dieu? lui dirent-ils tous ensemble. Vous le dites, répondit Jésus; je le suis. Le grand-prêtre l'interrogea de nouveau : Êtes-vous, dit-il, le Christ, le Fils du Dieu béni? Je vous conjure, au nom du Dieu vivant, de nous dire si vous êtes le Christ Fils de Dieu. Vous l'avez dit, je le suis, répondit Jésus; mais je vous déclare qu'un jour vous verrez le Fils de l'homme assis à la droite de la majesté de Dieu, et porté sur les nuées du ciel. Alors le grand-prêtre déchirant ses vêtemens : Il a blaphémé, dit-il; qu'avons-nous besoin de témoins? Vous venez de l'entendre blasphémer; que vous en semble? Il mérite la mort, s'écrièrent-ils : qu'est-il encore besoin de témoins, puisque nous l'avons entendu nous-mêmes se condamner de sa propre bouche? Et toute l'assemblée le jugea digne de mort.

Alors ils lui crachèrent au visage, et ceux qui le tenoient, le railloient en le frappant; et lui ayant bandé les yeux, ils lui appliquoient des coups de poing sur le visage; d'autres lui donnoient des soufflets, en disant : Christ, fais-nous voir que tu es prophète; devine qui t'a frappé. Et ils vomissoient beaucoup d'autres blasphèmes contre lui.

Cependant Pierre étoit assis en bas, dans la cour. Une des servantes qui gardoit la porte du grand-prêtre, l'envisagea et dit : Celui-ci étoit aussi avec cet homme. N'êtes-vous pas du nombre de ses disciples? vous étiez aussi avec Jésus de Galilée. Il le nia publiquement. Non, dit-il, je n'en suis point : femme, je ne le connois point : j'ignore qui il est; et je ne sais ce que vous me dites. Or les domestiques et les bas-officiers étoient auprès du feu, où ils se chauffoient; et Pierre étoit aussi avec eux. Étant sorti, il parut à l'entrée du vestibule, et le coq chanta.

Comme il sortoit, une autre servante l'aperçut, et dit à ceux qui étoient présens : Celui-ci étoit aussi avec Jésus de Nazareth. Peu de temps après, un autre l'ayant aperçu, lui dit : Vous êtes aussi de ces gens-là. Or Simon Pierre étoit là, et se chauffoit. Ils lui dirent donc : N'êtes-vous pas aussi de ses disciples? Pierre le nia pour la seconde fois avec serment. Je n'en suis point, dit-il; je ne connois point cet homme.

Environ une heure après, un autre domestique du grand-prêtre, parent de celui à qui Pierre avoit coupé l'oreille, assuroit la même chose : En vérité, disoit-il, celui-ci étoit avec lui; car il est Galiléen : ne vous ai-je pas vu avec lui dans le jardin? Et ceux qui étoient présens s'approchèrent, et dirent à Pierre : Vous êtes certainement de ces gens-là, car vous êtes Galiléen; votre langage vous fait assez connoître. Pierre le nia encore en ces termes : Je ne sais ce que vous me dites. Et alors il commença à faire des sermens, et à jurer qu'il ne connoissoit point cet homme. Il parloit encore, et le coq chanta pour la seconde fois. En ce moment, le Seigneur se retournant, regarda Pierre, et Pierre se souvint de la parole que Jésus lui avoit dite : Avant que le coq chante deux fois, vous me renoncerez trois fois. Alors Pierre sortit, et pleura amèrement.

III. Dès le matin, tous les princes des prêtres, avec les anciens, les Scribes et toute l'assemblée, tinrent conseil contre Jésus pour le faire mourir. Et toute l'assemblée s'étant levée, ils lièrent Jésus, et l'emmenèrent de la maison de Caïphe au Prétoire, et le livrèrent à Ponce-Pilate, leur gouverneur. Or, c'étoit le matin, et ils n'entrèrent point dans le Prétoire, afin de ne contracter aucune souillure qui les empêchât de manger la Pâque.

Alors Judas, qui l'avoit trahi, le voyant condamné, fut touché de repentir; et reportant aux princes des prêtres et aux anciens les trente pièces d'argent qu'il en avoit reçues: J'ai péché, leur dit-il, parce que j'ai livré le sang innocent. Que nous importe? lui répondit l'assemblée : c'est votre affaire. Et, après avoir jeté l'argent dans le temple, il se retira et alla se pendre. Or les princes des prêtres dirent en prenant cet argent : Il n'est pas permis de le mettre dans le trésor, parce que c'est le prix du sang. Et, après avoir délibéré, ils en achetèrent le champ d'un potier, pour la sépulture des étrangers. De là vient que ce champ s'appelle encore aujourd'hui *Haceldama*, c'est-à-dire *le Champ du sang*. Alors fut accompli ce qui avoit été dit par le prophète Jérémie : Ils ont reçu trente pièces d'argent pour prix de celui qui a été apprécié, et de la personne duquel ils ont traité avec les enfans d'Israël; et ils les ont données pour en acheter le champ d'un potier.

Pilate, étant sorti, vint trouver les Juifs, et leur adressant la parole : De quel crime, dit-il, accusez-vous cet homme? Si ce n'étoit pas un malfaiteur, lui répondirent-ils, nous ne vous l'aurions pas livré. Prenez-le vous-mêmes, repartit Pilate, et jugez-le selon votre loi. Il ne nous est pas permis de condamner à mort, lui répondirent les Juifs. De cette sorte s'accomplit la parole que Jésus avoit dite, lorsqu'il avoit marqué de quelle mort il devoit mourir. Et ils commencèrent à l'accuser en ces termes : Nous avons trouvé cet homme pervertissant notre nation, empêchant de payer les tributs à César, et prenant la qualité de roi et de Christ.

Pilate étant rentré dans le Prétoire, fit venir Jésus. Or Jésus ayant comparu devant le gouverneur, celui-ci l'interrogea de cette sorte : Êtes-vous le roi des Juifs? Est-ce de votre chef, lui répondit Jésus, ou sur le rapport d'autrui que vous me faites cette question? Est-ce que je suis Juif, répliqua Pilate : c'est votre nation et les princes des prêtres qui vous ont mis entre mes mains; qu'avez-vous fait? Mon règne n'est pas de ce monde, répondit Jésus : si mon règne étoit de ce monde, sans doute j'aurois eu des gardes pour me défendre, et je ne serois pas maintenant au pouvoir des Juifs; mais, je vous le déclare, mon règne n'est point ici-bas. Vous êtes donc roi? reprit Pilate. Vous le dites, répondit Jésus, je suis roi; c'est pour rendre témoignage à la verité, que je suis né et venu au monde : tout homme qui aime la vérité, prête l'oreille à ma voix. Qu'est-ce que la vérité? dit Pilate. A ces mots, il sortit de nouveau pour se rendre auprès des Juifs, et dit aux princes des prêtres et au peuple : Je ne trouve en cet homme aucun sujet de condamnation. Et Jésus étant accusé en plusieurs chefs par les princes des prêtres et par les anciens, ne fit aucune réponse. Alors Pilate l'interrogea encore : N'entendez-vous pas, lui dit-il, tout ce que les témoins déposent contre vous? vous ne répondez point! voyez de combien de choses on vous accuse. Mais Jésus ne répondit plus rien, et l'étonnement du gouverneur étoit extrême.

Les Juifs redoubloient leurs instances, et disoient : Il soulève le peuple en répandant sa doctrine par toute la Judée, depuis la Galilée jusqu'ici. Pilate, entendant nommer la Galilée, demanda si Jésus étoit Galiléen, et ayant appris qu'il étoit du ressort d'Hérode, il le renvoya à ce prince, qui, pour lors, étoit aussi à Jérusalem. Lorsque Hérode vit Jésus, il en eut une grande joie; car depuis long-temps il souhaitoit de le voir, parce qu'il avoit beaucoup entendu parler de lui, et qu'il espéroit de lui voir faire quelque miracle. Il lui fit donc plusieurs questions; mais Jésus ne lui répondit rien. Cependant les princes des prêtres et les scribes étoient présens, et persistoient à l'accuser. Hérode, avec sa cour, le méprisa, et l'ayant fait revêtir d'une robe blanche, il le traita avec dérision, et le renvoya à Pilate. Et ce jour-là Hérode et Pilate se réconcilièrent : car auparavant ils étoient ennemis.

IV. Pilate ayant fait venir les princes des prêtres, les magistrats et le peuple : Vous m'avez, dit-il, présenté cet homme comme détournant le peuple de l'obéissance, et vous avez vu que je l'ai interrogé en votre présence, sans trouver en lui aucun sujet de condamnation sur les chefs dont vous l'accusez. Hérode en a porté le même jugement; car je vous ai renvoyés à lui, et il est clair qu'il ne l'a pas traité comme un homme qui auroit mérité la mort. Je le ferai donc châtier, et le remettrai en liberté. Or le gouverneur étoit obligé de leur relâcher à la fête de Pâque un prisonnier à leur choix. Il y en avoit alors un fameux, nommé Barabbas : c'étoit un voleur qui avoit été mis en prison avec des séditieux, et qui avoit commis un meurtre dans une révolte. Et les Juifs demandèrent à Pilate de leur accorder la grâce qu'il ne leur refusoit jamais. Pilate les voyant assemblés : Je ne trouve, leur répondit-il, cet homme coupable d'aucun crime : mais c'est un usage établi parmi vous qu'à la fête de Pâque je vous relâche un criminel; voulez-vous donc que je vous délivre le roi des Juifs? Lequel voulez-vous que je vous relâche, Barabbas, ou Jésus qu'on appelle le Christ? Car il savoit bien que c'étoit par envie que les princes des prêtres le lui avoient livré.

Comme il étoit assis sur son tribunal, sa femme lui envoya dire : Ne vous mêlez pas de l'affaire de ce Juste; car j'ai eu cette nuit, à son occasion, un songe trèsinquiétant. Mais les princes des prêtres et les anciens ameutèrent le peuple, et lui persuadèrent de demander qu'il leur délivrât plutôt Barabbas, et de faire périr Jésus. Lequel des deux voulez-vous que je vous délivre? leur dit le gouverneur. Défaites-nous de cet homme, s'écria tout le peuple, et relâchez-nous Barabbas.

Pilate, qui désiroit de sauver Jésus, leur adressa encore la parole : Que voulez-vous donc, leur dit-il, que je fasse du roi des Juifs, qu'on appelle le Christ? Mais ils s'écrièrent tous une seconde fois : Crucifiez-le, crucifiez-le. Quel mal a-t-il donc fait? reprit Pilate : je ne trouve en lui nul crime qui mérite la mort ; je vais donc le faire punir, et le renvoyer. Mais ils insistèrent de plus en plus, et demandoient à grands cris qu'il fût crucifié, et leurs clameurs redoubloient à chaque instant.

Alors Pilate prit Jésus, et le fit flageller. Et les soldats du gouverneur, ayant emmené Jésus dans la cour du Prétoire, assemblèrent autour de lui toute la cohorte, lui ôtèrent ses vêtemens, et jetèrent sur lui un manteau de pourpre ; puis ayant fait une couronne d'épines entrelacées, ils la lui mirent sur la tête avec une canne de roseau à la main droite, et, fléchissant le genou devant lui, ils lui disoient par dérision : Roi des Juifs, je vous salue. Ils lui donnoient des soufflets, lui frappoient la tête avec la canne de roseau, et lui crachoient au visage.

V. Pilate sortit encore une fois : Le voici, dit-il aux Juifs ; je vous l'amène dehors, pour vous déclarer que je ne le trouve coupable d'aucun crime. Jésus parut en même temps, la couronne d'épines sur la tête, et le manteau de pourpre sur le corps. Voilà l'homme, leur dit Pilate. A ce spectacle, les princes des prêtres et les officiers s'écrièrent : Crucifiez-le, crucifiez-le. Prenez-le vous-mêmes, repartit Pilate, et le crucifiez ; car pour moi je ne trouve aucune raison de le condamner. Nous avons une loi, répliquèrent les Juifs, et selon cette loi il mérite la mort, parce qu'il s'est déclaré Fils de Dieu. A ces mots Pilate fut saisi d'une nouvelle frayeur.

Il rentra dans le Prétoire, et dit à Jésus : D'où êtes-vous ? Mais Jésus ne lui fit aucune réponse. Vous ne me parlez point ! reprit Pilate. Ignorez-vous que j'ai le pouvoir de vous faire mettre en croix ou de vous rendre la liberté ? Vous n'auriez, répondit Jésus, aucun pouvoir sur ma personne, si vous ne l'aviez reçu d'en haut. C'est pourquoi celui qui m'a mis entre vos mains est coupable d'un plus grand péché. Depuis ce moment, Pilate cherchoit un moyen pour le délivrer ; mais les Juifs élevant la voix : Si vous le délivrez, s'écrièrent-ils, vous n'êtes point ami de César; car quiconque prend le titre de roi, se déclare contre César.

Pilate, les entendant parler de la sorte, mena Jésus dehors et s'assit sur son tribunal, en un lieu appelé en grec *Lithostrotos,* et en hébreu *Gabbatha.* Or c'étoit la veille du sabbat de Pâque, sur la sixième heure du jour. Voilà votre roi, dit Pilate. Défaites-nous de cet homme, s'écrièrent les Juifs; délivrez-nous de lui, crucifiez-le. Quoi! répliqua Pilate, crucifierai-je votre roi? Nous n'avons d'autre roi que César, dirent les princes des prêtres. Pilate, voyant qu'il ne gagnoit rien, mais qu'au contraire la sédition s'échauffoit de plus en plus, se fit donner de l'eau, et se lavant les mains en présence du peuple : Je suis innocent, dit-il, de la mort de ce Juste; prenez-y garde, ce sera vous qui en répondrez. Tout le peuple s'écria : Que son sang retombe sur nous et sur nos enfans. Enfin Pilate, voulant contenter le peuple, leur accorda ce qu'ils demandoient, et il leur délivra, selon leur désir, Barabbas, qui avoit été mis en prison pour crime de sédition et de meurtre; et ayant déjà fait flageller Jésus, il l'abandonna à leur volonté, pour être crucifié.

Ils prirent Jésus, le dépouillèrent du

manteau de pourpre, lui remirent ses vêtemens, et l'emmenèrent pour le crucifier. Jésus, portant sa croix, marcha donc au lieu qu'on appelle le *Calvaire*, en hébreu *Golgotha*. Comme ils le menoient au supplice, ils rencontrèrent un homme de Cyrène, nommé Simon, père d'Alexandre et de Rufus, qui passoit en venant de la campagne. Ils le contraignirent de porter la croix, et ils l'en chargèrent, pour la porter derrière Jésus.

Or Jésus étoit suivi d'une grande multitude de peuple, et de femmes qui le pleuroient avec les marques de la plus vive douleur. Mais se tournant vers elles : Filles de Jérusalem, leur dit-il, ne pleurez pas sur moi, mais sur vous-mêmes et sur vos enfans ; car le temps s'approche auquel on dira : Heureuses les femmes stériles ! heureuses les entrailles qui n'ont point porté d'enfans, et les mamelles qui n'en ont point allaité ! Alors ils diront aux montagnes : Tombez sur nous; et aux collines : Cachez-nous : car si l'on traite ainsi le bois vert, comment le bois sec sera-t-il traité ?

VI. On menoit aussi avec lui deux criminels pour être exécutés. Ils le menèrent donc au lieu appelé *Golgotha*, c'est-à-dire, le *Calvaire*. Ils lui donnèrent à boire du vin mêlé avec de la myrrhe et du fiel ; mais en ayant goûté, il n'en voulut pas boire. C'étoit alors la troisième heure du jour : ils le crucifièrent, et avec lui les deux criminels qui étoient des voleurs, l'un desquels fut mis à sa droite, l'autre à sa gauche, et Jésus au milieu. Ainsi fut accomplie cette parole de l'Ecriture : Il a été mis au rang des malfaiteurs. Cependant Jésus disoit : Mon Père, pardonnez-leur ; car ils ne savent ce qu'ils font.

Pilate fit l'inscription qui marquoit la cause du supplice de Jésus, et la fit mettre au haut de la croix. On attacha donc au-dessus de sa tête cet écriteau : C'EST ICI JÉSUS DE NAZARETH, ROI DES JUIFS. Et comme le lieu où Jésus avoit été crucifié étoit près de la ville, plusieurs des Juifs lurent l'inscription qui étoit en hébreu, en grec et en latin. Les princes des prêtres dirent à Pilate : Ne mettez pas, *Roi des Juifs;* mais, *qu'il s'est dit roi des Juifs.* Pilate répondit : Ce que j'ai écrit, est écrit.

Quand les soldats l'eurent crucifié, ils prirent ses vêtemens, et en firent quatre parts, une pour chaque soldat; ils prirent aussi sa tunique, et ils tirèrent au sort, pour savoir ce que chacun en auroit. Mais comme la tunique étoit sans couture, tissue depuis le haut jusqu'en bas, ils dirent entr'eux : Ne la divisons pas, mais que le sort décide à qui elle appartiendra. C'étoit l'accomplissement de cette parole de l'Ecriture : Ils ont partagé entre eux mes vêtemens, et ils ont tiré ma robe au sort. Voilà ce que firent les soldats, et ils s'assirent pour le garder.

Les passans blasphémoient contre lui, en secouant la tête, et en disant : Toi qui détruis le temple de Dieu, et qui le rebâtis en trois jours, délivre-toi du supplice; si tu es Fils de Dieu, descends de la croix. Cependant le peuple regardoit Jésus, et en faisoit le sujet de ses railleries, ainsi que les princes des prêtres, les Scribes et les anciens. Il a sauvé les autres, disoient-ils, et il ne peut se sauver lui-même : s'il est le roi d'Israël, qu'il descende en ce moment de la croix, et nous allons croire en lui; qu'il se sauve lui-même, s'il est le Christ, l'Elu de Dieu; qu'il descende maintenant de la croix; nous en serons témoins, et nous croirons. Il s'attend au secours de Dieu : si Dieu le protège, qu'il le délivre maintenant; car il a dit : Je suis le Fils de Dieu. Les soldats le railloient aussi; ils s'approchoient de lui, et lui présentoient du vinaigre. Si tu es le roi des Juifs, disoient-ils, sauve-toi la vie.

Or, l'un de ces voleurs qui étoient crucifiés, blasphémoit contre lui, en disant : Si tu es le Christ, sauve-toi la vie, et à nous aussi. Mais l'autre, prenant la parole, lui fit des reproches : Quoi! dit-il, tu n'as nulle crainte de Dieu, non plus que les autres, toi qui es condamné au même supplice ! On nous fait justice, nous portons la peine due à nos crimes; mais celui-ci n'a fait aucun mal. Seigneur, dit-il ensuite à Jésus, souvenez-vous de moi, lorsque vous serez entré dans votre royaume. Je vous le dis en vérité, lui répondit Jésus, dès aujourd'hui vous serez avec moi dans le paradis.

Cependant la mère de Jésus, et Marie, femme de Cléophas, sœur de sa mère, et Marie-Madeleine étoient auprès de la croix. Jésus voyant sa mère et son disciple bienaimé qui étoit aussi présent : Femme, dit-il à sa mère, voilà votre fils. Puis s'adressant au disciple : Voilà, lui dit-il, votre mère. Et dès-lors ce disciple la reçut dans sa maison.

VII. Il étoit environ la sixième heure du jour, et toute la terre fut couverte de ténèbres jusqu'à la neuvième heure, et le soleil s'obscurcit. Sur la neuvième heure, Jésus jeta un grand cri, en disant : *Eli, Eli, lamma sabacthani,* c'est-à-dire, *Mon Dieu, mon Dieu, pourquoi m'avez-vous abandonné ?* Quelques-uns de ceux qui étoient présens l'ayant entendu, disoient : Il appelle Elie.

Après cela, Jésus sachant que tout étoit accompli, voulut qu'une parole de l'Ecriture s'accomplît encore, et il dit : J'ai soif.

Il y avoit là un vase plein de vinaigre, et aussitôt un des soldats courut prendre une éponge, l'emplit de vinaigre, la mit au bout d'un roseau, et la lui présentant à boire: Laissez, dit-il, voyons si Elie viendra le descendre de la croix. Laissez, disoient les autres, voyons si Elie viendra le délivrer. Ayant donc pris le vinaigre, Jésus dit : Tout est accompli. Et jetant de nouveau un grand cri : Mon Père, dit-il encore, je remets mon ame entre vos mains. A ces mots, il baissa la tête, et rendit l'esprit.

En même temps le voile du temple se déchira en deux par le milieu, depuis le haut jusqu'en bas; la terre trembla, les pierres se fendirent, les tombeaux s'ouvrirent, et les corps de plusieurs saints qui étoient dans le sommeil de la mort, ressuscitèrent. Et sortant de leurs tombeaux, après leur résurrection, ils vinrent dans la ville sainte, et apparurent à plusieurs personnes. Alors le centurion qui étoit vis-à-vis de lui, ayant vu ce qui étoit arrivé, et que Jésus étoit mort en criant de la sorte, glorifia Dieu : Vraiment, dit-il, cet homme étoit juste; oui, cet homme étoit le Fils de Dieu. Et ceux qui étoient avec lui et qui gardoient Jésus, voyant le tremblement de terre et tous les prodiges qui arrivoient, furent saisis de frayeur : Oui, dirent-ils, cet homme étoit certainement le Fils de Dieu. Et le peuple innombrable qui étoit présent à ce spectacle, touché de ce qu'il avoit vu, s'en retournoit se frappant la poitrine. Tous ceux de la connoissance de Jésus, et les femmes qui l'avoient suivi de Galilée, se tenoient à l'écart, et regardoient ce qui se passoit. De ce nombre étoient Marie-Madeleine, Marie, mère de Jacques le mineur et de Joseph, et Salomé, mère des fils de Zébédée, lesquelles, pendant qu'il étoit en Galilée, le suivoient et le servoient; ainsi que plusieurs autres qui étoient venues avec lui à Jérusalem.

Comme c'étoit la veille du Sabbat, les Juifs, ne voulant pas que les corps demeurassent à la croix en un jour si solennel, prièrent Pilate de leur faire rompre les jambes et de les faire enlever. Il vint donc des soldats qui rompirent les jambes au premier, puis à l'autre qui étoit crucifié avec lui. Ensuite, venant à Jésus, et voyant qu'il étoit déjà mort, ils ne lui rompirent point les jambes; mais un des soldats lui ouvrit le côté avec une lance, et aussitôt il en sortit du sang et de l'eau. Celui qui l'a vu en rend témoignage; et son témoignage est véritable, et il sait qu'il dit la vérité, afin que vous croyiez aussi vous-même. Car ceci est arrivé pour servir d'accomplissement à cette parole de l'Ecriture:

Vous ne briserez aucun de ses os. Et l'Ecriture dit encore ailleurs : Ils verront celui qu'ils ont percé.

Après cela, sur le soir, la veille du Sabbat, il vint un homme riche, nommé Joseph, qui étoit un officier plein de probité et de vertu, et qui n'avoit pris part, ni au complot, ni à l'attentat des Juifs; il étoit d'Arimathie, ville de Judée, et du nombre de ceux qui attendoient le royaume de Dieu. Celui-ci, qui étoit aussi disciple de Jésus, mais en secret, parce qu'il craignoit les Juifs, eut assez de hardiesse pour aller trouver Pilate, et lui demander le corps de Jésus. Pilate, s'étonnant qu'il fût mort si tôt, fit venir le centurion; et ayant su de lui la vérité du fait, il permit à Joseph d'enlever le corps de Jésus.

Il vint donc, et emporta le corps de Jésus. Nicodème, qui étoit venu autrefois trouver Jésus pendant la nuit, vint aussi, apportant une composition de myrrhe et d'aloës, d'environ cent livres. Joseph ayant acheté un linceul, et descendu le corps, l'enveloppa dans ce linceul qui étoit blanc. Ils prirent ainsi le corps de Jésus, l'embaumèrent, et l'enveloppèrent de linges, selon la manière d'ensevelir usitée parmi les Juifs. Or il y avoit un jardin à l'endroit où Jésus avoit été crucifié, et dans ce jardin un sépulcre tout neuf, taillé dans le roc, où l'on n'avoit encore mis personne. Ce fut donc là que Joseph déposa le corps de Jésus, parce que c'étoit la veille du Sabbat des Juifs, et que le sépulcre étoit tout proche. Joseph roula une grosse pierre à l'ouverture, et s'en alla. Cependant les femmes qui étoient venues de Galilée avec Jésus, s'assirent auprès du sépulcre, et regardèrent où l'on mettoit Jésus, et comment on plaçoit son corps; après quoi, elles préparèrent des aromates et des parfums.

ACTES

PRÉPARATOIRES A LA MÉDITATION.

O mon Dieu, vous êtes près de moi, c'est votre Apôtre qui me l'apprend; vous êtes en moi, ou plutôt je suis en vous; *j'ai en vous la vie, le mouvement et l'être* (1). Je crois donc, d'une foi très-vive, ô mon Créateur, que je suis ici en votre sainte présence. Malheureux, de n'y avoir pas peut-être songé jusqu'ici, ou de l'oublier si souvent! Je vous adore en ce moment avec tout le respect et l'humilité dont je suis capable. Daignez *écouter la voix de ma prière.*

Mais, Seigneur, comment osé-je paroître devant votre sainteté infinie? *Vous haïssez l'iniquité et tous ceux qui la commettent; et mes iniquités se sont multipliées plus que les cheveux de ma tête, et mes péchés sont montés jusqu'au ciel! N'entrez point en jugement avec votre serviteur,* ô mon souverain maître! *Oubliez les fautes de ma jeunesse, et* toutes *mes ignorances,* pour ne *vous souvenir* que *de vos éternelles*

---

(1) Act. XVII. 27, 28.

miséricordes. *O Dieu, regardez la face de votre Christ :* la voix de son sang demande grâce pour moi; c'est uniquement par ses mérites que j'espère mon pardon.

On récite le *Confiteor.*

Seigneur, je suis bien éloigné des dispositions que vous exigez de moi pour la prière : ma dissipation est opposée à votre recueillement, ma paresse à votre vigilance, mon amour-propre à votre zèle. O mon Dieu, mettez en moi ce qui me manque pour m'unir à vous; et, si je n'ai pas les dispositions nécessaires, inspirez-moi la prière que je dois faire pour vous les demander.

Esprit divin, je reconnois que je ne puis rien sans votre assistance spéciale. Donnez-moi, s'il vous plaît, un rayon de votre lumière et de votre grâce pour bien faire cette oraison. Je proteste, ô mon Dieu, n'y vouloir chercher que votre honheur et votre pure gloire. Je ne veux vous connoître que pour vous aimer et vous servir. Je renonce dès à présent à toutes les distractions qui pourront me venir, à toutes les recherches de moi-même, et à tous les retours de l'amour-propre pour n'y faire que votre sainte et adorable volonté. Accordez-moi la grâce, ô mon Dieu, de faire cette oraison, au nom et par les mérites de mon divin Sauveur Jésus-Christ, par l'intercession de la très-sainte Vierge, de mon bon Ange et de mes saints Patrons. Je vous abandonne, ô mon Dieu, mon esprit, mon cœur et ma volonté, et je renonce entièrement à tout ce qui pourroit m'éloigner de vous pendant ce saint exercice.

APRÈS LA MÉDITATION.

Je vous remercie, ô mon Dieu, de toutes les lumières et les grâces qu'il vous a plu me donner dans cette oraison. Connoissant que je n'ai aucun bien qui ne vienne de vous, je vous offre toutes les saintes pensées et les pieuses affections que vous m'y avez données ; je les mets entre vos mains pour me les conserver. Faites que jamais elles ne s'effacent de ma mémoire. Je vous offre aussi, ô mon Créateur, mon ame et mon corps, avec toutes mes facultés spirituelles et corporelles, pour mettre en pratique les bonnes résolutions que j'ai prises. Je vous supplie, ô mon Dieu, de continuer à me favoriser de vos lumières et de vos grâces après mon oraison, afin que j'accomplisse les promesses que j'ai faites de vous servir. Plutôt toutes les dis-

APRÈS LA MÉDITATION.

grâces de la vie, que de perdre pour un moment votre grâce. Je vous offre encore, Seigneur, mes très-humbles prières pour tous les besoins de l'Eglise notre mère, pour notre saint Père le Pape, pour tous les Prélats et Pasteurs de l'Eglise, pour l'extirpation des hérésies, pour le Roi et la famille royale, pour la paix entre les princes et les peuples chrétiens, pour la sanctification des ames, surtout de la mienne et de celle de *N.*, et pour tous ceux pour qui je suis obligé de prier, tant vivans que trépassés.

SAINTE Vierge, ma bonne mère, glorieux saint Joseph, digne époux de Marie; mon bon Ange gardien, et vous mes saints Patrons, obtenez-moi les grâces de mon Dieu; suppléez au défaut de ma prière, et me rendez participant de celles que vous faites devant le trône de Dieu, en attendant que je sois assez heureux pour le prier avec vous pendant toute l'éternité. Ainsi soit-il.

Sub tuum præsidium, etc.

On peut réciter ici les *Litanies de la Passion*, qui sont à la suite des *Méditations*.

MÉDITATIONS

SUR

LA PASSION DE N. S. JÉSUS-CHRIST,

EN FORME D'ÉLÉVATIONS.

PREMIÈRE MÉDITATION.

Notre Seigneur Jésus-Christ institue le très-saint Sacrement de l'Autel.

1. Je vous adore, mon divin Jésus, dans l'institution de l'auguste Sacrement de nos autels. C'est ici que vous me donnez des preuves certaines de votre amour infini. Dans le temps que les hommes ont formé le dessein de vous faire mourir comme un scélérat, vous voulez demeurer avec eux jusqu'à la consommation des siècles, afin d'être à toute heure et à tout moment une victime de propitiation pour leurs péchés. Vous devenez l'aliment de nos ames, notre force dans les foiblesses, notre consolation dans les disgrâces, notre refuge contre nos ennemis, notre ressource dans tous nos besoins.

O amour infini de mon Dieu! qui peut

vous comprendre? Vous m'avez aimé, Seigneur, jusqu'à la fin; que toujours mon cœur brûle de votre amour. Vous vous immolez pour moi sur l'autel, que je m'immole aussi pour vous; que je vous sacrifie sans réserve toutes mes pensées, tous mes desseins, toutes mes paroles, toutes mes actions jusqu'à la fin de ma vie; que je n'aime que vous, que je ne vive que pour vous, que je ne meure que pour vous.

2. Dans cet auguste Sacrement, vous me donnez votre corps, votre sang, votre ame et votre divinité. Vous vous donnez à moi, afin de demeurer en moi, et que je demeure en vous. Vous devenez la vie de mon ame; et je possède, en vous recevant, tout ce qui fait le bonheur des Anges et des Saints dans le ciel.

Plus le don que vous me faites est précieux, plus je dois avoir d'empressement à le recevoir, plus je dois apporter de saintes dispositions pour y participer avec fruit; car, si vous êtes sur l'autel une source de vie pour les bons, votre Apôtre m'apprend que les pécheurs y trouvent *leur jugement* et leur mort. Faites donc, ô mon Sauveur, que j'approche toujours de la table sainte avec une foi vive, une intention droite et une conscience pure.

3. Par la sainte communion vous vous unissez à moi de l'union la plus intime;

vous me transformez en vous, comme vous l'avez dit à un de vos Saints. Que rien au monde ne me sépare donc jamais de vous. Rendez-moi victorieux du démon, du monde et de la chair. Que le péché ne règne plus désormais en moi; soyez vous seul le roi de mon cœur.

Voici, aimable Jésus, mes résolutions que je vous prie de rendre efficaces.

1. Je viendrai souvent vous rendre mes hommages et mes adorations au pied de vos autels; et je me tiendrai en votre présence dans un religieux tremblement.

2. J'assisterai à votre saint sacrifice avec des sentimens de respect et de reconnoissance, avec un cœur contrit et humilié, pour en recueillir les fruits salutaires.

3. Puisque, selon sainte Thérèse, une seule communion suffit pour sanctifier une ame, je mettrai tous mes soins à n'approcher de la sainte table qu'avec de saintes dispositions; et quand j'y aurai participé, je conserverai avec beaucoup de précaution un si précieux trésor.

4. J'irai souvent vous visiter dans les églises où vous reposez, afin de vous donner par là des preuves de mon amour, de ma fidélité et de mon attachement, et de réparer, autant que je le pourrai, les outrages que vous font ceux qui vous méconnoissent.

II͏ᵉ MÉDITATION.

Jésus sort du cénacle pour aller à la mort.

1. Vous aviez souvent dit à vos Apôtres, ô Jésus, que vous deviez être livré aux Gentils par les princes des prêtres, par les anciens du peuple, par les docteurs de la loi, pour souffrir toutes sortes d'outrages. Ce moment approche; moment que vous aviez prévu dès le premier instant de votre incarnation; moment qui avoit toujours été présent à votre esprit; moment dont vous ne fûtes jamais effrayé, mais que vous aviez toujours ardemment désiré. L'arrêt de mort que votre Père avoit prononcé contre vous de toute éternité vous a été signifié dès le commencement de votre vie mortelle; vous l'avez toujours eu devant les yeux, et vous l'avez accepté avec une parfaite soumission.

Aujourd'hui vous vous hâtez d'exécuter les ordres de votre Père. Pressé de consommer votre sacrifice, vous n'attendez pas que vos ennemis viennent vous chercher; vous les prévenez. Quel courage! quelle intrépidité! quelle obéissance! J'adore, ô mon Dieu, les dispositions de votre sainte ame. Faites, Seigneur, que je sois pénétré des mêmes sentimens, que je ne recule jamais quand il s'agira d'obéir à vos ordres, quoi qu'il m'en coûte, quoi que je doive souffrir, fallût-il mourir avec vous.

2. *Afin que le monde connoisse que j'aime mon Père, et que je fais ce que mon Père m'ordonne, levez-vous, sortons d'ici, avançons* (1), dites-vous à vos Apôtres, en sortant du cénacle pour aller à la mort. Tous les momens de votre vie ont été un exercice continuel d'obéissance, et vous donnez aujourd'hui à cette vertu toute sa perfection. Quand est-ce que, marchant sur vos pas, je serai fidèle à suivre les desseins de Dieu sur moi, et que le zèle de la gloire de Dieu votre Père, qui vous dévoroit, embrasera mon ame?

Qu'ai-je fait jusqu'ici pour mon Dieu? qu'ai-je souffert pour sa gloire? J'ai souvent de bons désirs, mais, hélas! ils sont si foibles et si languissans, que je n'en viens jamais à l'exécution; les moindres difficultés m'arrêtent. J'ai commencé plusieurs fois à mener une vie plus régulière après une bonne confession, mais bientôt je me suis relâché; à la première occasion, je suis retombé dans mes anciennes infidélités. Quelle ingratitude! quelle inconstance! quelle lâcheté! Seigneur, j'en suis couvert de confusion.

(1) Joan. XIV. 31.

3. Ce n'est pas seulement le désir de glorifier votre Père, qui vous fait affronter la mort, toute terrible qu'elle est, avec un courage intrépide; c'est encore la compassion, la charité que vous avez pour moi, le désir de mon salut qui vous presse.

Ne sentirai-je jamais, mon Dieu, le poids accablant de mes iniquités? vivrai-je toujours tranquille au milieu de mes désordres? mon cœur sera-t-il toujours insensible? ne ferai-je jamais rien pour expier mes péchés? regarderai-je toujours avec indifférence la grande et seule importante affaire de mon salut, qui devroit m'occuper uniquement? Non, mon Dieu.

Voici mes résolutions; vous les avez formées dans mon cœur, et j'espère que vous les y affermirez.

1. Je serai désormais plus fidèle à me conformer en tout aux ordres de la Providence.

2. Je veux tout sacrifier, biens, honneurs, plaisirs, repos, la vie même, s'il est nécessaire, pour avancer votre gloire et pour opérer mon salut.

3. Je donnerai tous les jours quelque temps à la méditation de vos souffrances.

IIIᵉ MÉDITATION.

Jésus prie dans le jardin des Oliviers.

1. Agréez, ô Jésus, que je vous suive, et que je vous accompagne dans ce jardin de douleur, où vous allez expier par la tristesse la plus amère le péché que notre premier père commit dans un jardin de délices. Permettez que je sois témoin de tout ce qui s'y passe dans votre adorable personne, et que je profite des leçons que vous m'y donnez. Ce jardin, où vous alliez souvent avec vos disciples, va devenir le théâtre de votre Passion intérieure. A peine y êtes-vous entré, que vous vous retirez à l'écart pour prier, ne prenant avec vous que Pierre, Jacques et Jean. Vous vous préparez par la prière au combat sanglant que vous allez soutenir; et par là vous m'apprenez que la prière doit être mon refuge, ma ressource, mes armes, ma force et mon appui dans les troubles, dans les agitations, dans les persécutions, dans les peines que j'ai à souffrir.

Hélas! c'est dans le temps de la tribulation que j'ai plus sujet de me défier de moi-même, et de craindre la violence et les artifices de mes ennemis. C'est dans ce temps de trouble et d'épreuve que je suis plus foible, et que les ennemis du salut lancent contre moi leurs traits enflammés. C'est donc alors que je devrois prier avec plus de ferveur; et souvent, tout occupé de ma peine, je ne prie point; et de là vient que je succombe sous le poids des afflictions. Ainsi vos Apôtres, pour avoir négligé d'obéir au commandement que vous leur aviez fait, de veiller et de prier, vous abandonnèrent lâchement.

2. Je vois dans votre prière le modèle d'une prière parfaite, et vous m'apprenez par votre exemple comment je dois prier. Votre prière est humble, vous vous prosternez le visage contre terre; elle est pleine de confiance, vous appelez Dieu votre Père; elle est sainte et respectueuse, puisque vous vous soumettez en tout à sa volonté; elle est fervente et persévérante, puisque vous demandez la même chose jusqu'à trois fois.

Seigneur, apprenez-moi à prier. Hélas! bientôt je serois un saint, si je savois bien prier. La source de mon malheur vient, ou de ce que je ne prie pas, ou de ce que je prie mal. Je prie sans attention, sans humilité, sans un vrai désir d'obtenir les grâces que je demande. Je me défie de votre miséricorde; je me lasse d'abord; je quitte la prière. Je prie avec un cœur obstiné et impénitent; et souvent, au lieu de fléchir votre miséricorde, j'irrite votre justice.

Inspirez-moi un grand amour de la prière; qu'elle soit mon exercice le plus ordinaire; que j'élève souvent mon cœur vers vous, ô divin Jésus!

3. *Mon Père, s'il est possible, faites que ce calice s'éloigne de moi; néanmoins que votre volonté s'accomplisse, et non la mienne* (1).

C'est ici un trait de votre condescendance, ô Jésus. Vous demandez l'éloignement du calice de cette mort sanglante et ignominieuse qu'on vous prépare; et cependant ce calice a toujours été l'objet de vos plus ardens désirs. Y a-t-il en vous quelque changement? Non, c'est pour faire voir qu'il m'est permis de demander la délivrance des maux, des afflictions, des persécutions. Ici vous vous affoiblissez avec les foibles; mais en même temps vous voulez que je me soumette comme vous à la volonté de votre Père, et que je lui dise avec vous: Seigneur, *que votre volonté soit faite, et non pas la mienne*. Je le dis quelquefois; mais, hélas! ce n'est que du bout des lèvres: mon cœur dément les paroles qui sortent de ma bouche. Ma bouche demande l'accomplissement de votre volonté, ô mon Dieu, et mon cœur s'y oppose, parce qu'en effet je voudrois ne rien souf-

(1) Matth. XXVI. 39.

frir. Quelle contradiction! ne serai-je jamais d'accord avec moi-même? et en parlant à mon Dieu, qui pénètre le fond des cœurs, me servirai-je toujours de paroles hypocrites et trompeuses?

Voici mes résolutions; daignez les bénir, ô mon Dieu.

1. Je veux prier plus souvent, en union avec Jésus-Christ; prier avec humilité, avec confiance, avec persévérance, avec un cœur contrit de mes péchés.

2. Dans les afflictions, j'aurai recours uniquement à vous, ô mon Dieu; je vous demanderai plutôt la grâce d'en faire un bon usage, que d'en être délivré.

3. Je demanderai en tout l'accomplissement de votre sainte volonté dans toute la sincérité de mon cœur. J'attends cette grâce de votre infinie miséricorde.

IVe MÉDITATION.

Jésus, réduit à une agonie mortelle, est consolé par un Ange.

1. Vos évangélistes m'apprennent, ô Jésus, que, dans ce jardin de douleur, vous fûtes saisi d'une tristesse et d'un ennui accablant. Souffrez que je vous demande d'où vient ce soulèvement des passions dans une ame qui n'agit jamais que par la souve-

raine raison? Vous vous regardez d'un côté comme chargé de tous les péchés du monde; de l'autre, vous envisagez la justice de votre Père, qui va décharger sur vous tout le poids de sa juste colère contre les pécheurs que vous représentez. Vous voyez tout à la fois, et vous ressentez dans le même moment toutes les humiliations, tous les outrages que vos ennemis vous feront souffrir successivement. Vous voyez le bras d'un Dieu vengeur qui s'appesantit sur vous.

O que la situation où je vous vois, me fait comprendre le sens de cette parole de votre Apôtre : *C'est une chose terrible de tomber entre les mains du Dieu vivant* (1) ! Que ne dois-je pas craindre de la justice redoutable de mon Dieu, lorsque je considère la multitude et l'énormité de mes péchés, et les châtimens qu'il réserve aux pécheurs impénitens! Percez mon cœur, ô Jésus, d'une crainte salutaire. Que la douleur et la tristesse qui affligent votre cœur innocent, passent dans le mien, qui est si criminel.

2. Dans le jour de votre affliction, vous voulez bien recevoir la consolation d'un Ange, que votre Père vous envoie. Vous ne vous plaignez pas de ce qu'au lieu de vous consoler lui-même, il le fait par un

(1) Hébr. x. 11.

de vos serviteurs. J'apprends ici, par votre exemple, le respect que je dois à mon Ange gardien, et quelle doit être ma déférence aux avis de l'Ange visible qui me conduit, de mon directeur qui tient votre place à mon égard, comme l'Ange qui vous consola dans votre tristesse tenoit la place de votre Père par rapport à vous.

Que je sois fidèle à reconnoître toujours votre main dans ceux qui m'affligeront, et dans ceux qui me consoleront de votre part, comme vous reconnoissez vous-même celle de votre Père dans l'Ange qui vient à votre secours.

3. La consolation de l'Ange ne fait pas cesser votre douleur : elle augmente de plus en plus. L'excès de cette douleur vous cause une sueur de sang qui coule sur la terre. O sang précieux et adorable, que ne suis-je moi-même cette terre que vous arrosez, moi qui ne suis devant vous qu'une terre aride et sans eau ! Je vous vois déjà réduit à une agonie mortelle. Voilà donc la situation où vous a mis la vue de mes péchés !

Votre douleur, ô Jésus, est l'image de la douleur, de la contrition que je dois porter au tribunal de la pénitence ; cependant mon cœur est toujours dur et insensible. La considération de mes péchés m'est-elle un supplice comme à vous ? me fait-elle perdre le repos de l'ame ? En suis-je agité et désolé? Le péché, par ses remords, me réduit-il comme vous, ô Jésus, à une espèce d'agonie? est-il vrai que je crains le péché plus que tous les maux du monde?

Quel sujet de condamnation! un Dieu se trouble à la vue de mes péchés, et je vis tranquille! Un Dieu s'en afflige, et je m'en console! Un Dieu en est humilié, et je marche la tête levée? Un Dieu en est ému jusqu'à l'effusion de son sang, et je ne répands pas même une larme! Seigneur, amollissez la dureté de mon cœur; donnez-moi une douleur sincère, une contrition véritable, qui brise mon cœur, qui le change entièrement, qui le détache du péché pour l'attacher à vous seul; une contrition qui fasse cesser le péché, qui me porte à fuir le péché et les occasions du péché.

Voici, ô mon Dieu, mes résolutions; je vous les présente, afin que vous les souteniez par votre grâce.

1. Dès que j'aurai commis quelque péché, je ferai un acte de contrition, et je m'imposerai une pénitence.

2. Tous les soirs, je ferai mon examen de conscience, et je formerai un acte de contrition.

3. Quand j'irai me confesser, je m'exciterai à la douleur de mes péchés, après l'avoir demandée à Dieu, en considérant l'in-

jure que le péché fait à Dieu, l'outrage qu'il fait à Jésus-Christ; etc.

Ve MÉDITATION.

Jésus vendu et trahi par Judas.

1. Vit-on jamais, ô Jésus, une ingratitude plus noire? Judas, que vous aviez élevé à la gloire de l'apostolat; Judas, le confident de vos secrets, le dépositaire de vos faveurs, le témoin de votre innocence, de votre douceur et de vos miracles; cet Apôtre élevé depuis trois ans dans votre famille, nourri de votre parole, édifié par vos exemples, honoré de votre amitié, distingué des autres par la charge d'économe de votre maison, ordonné prêtre et évêque, qui a communié de vos mains, vous vend trente deniers à vos ennemis les plus déclarés.

Peut-on y penser sans horreur? Mais hélas! quel sujet de frayeur pour moi que la chute de cet Apôtre! et qui est-ce qui ne craindra pas l'avarice? L'avarice a perdu Judas; l'avarice et toute autre passion, comme la vengeance, l'orgueil, l'amour du plaisir, peuvent me perdre, si je n'ai pas soin de les réprimer. Hélas! les fautes les plus légères conduisent peu à peu dans cet abîme. O Jésus, ne permettez pas que je pousse jusqu'à ce point mon ingratitude. Faites-moi la grâce d'arracher jusqu'aux moindres racines des passions aussitôt que je les découvrirai, car je ne serois plus maître de les réprimer, si je les laissois dominer dans mon ame.

2. Quelle perfidie que celle de Judas! Après avoir communié indignement, il va se mettre à la tête d'une troupe de furieux; il s'approche de vous, ô Jésus, et il vous livre entre leurs mains par un baiser. O horreur! ô hypocrisie, ô impudence! Je condamne le détestable procédé de Judas; mais ne devrois-je pas me condamner moi-même? Hélas! combien de fois peut-être n'ai-je pas communié indignement! Depuis que je cache ce péché en confession, que j'approche des sacremens sans changer de vie, ignorant les premières vérités de la religion ou mes devoirs, retenant injustement le bien d'autrui, conservant la haine et l'aigreur contre le prochain, vivant dans l'habitude ou dans l'occasion prochaine du péché mortel, fais-je autre chose que marcher sur les traces de Judas?

Ne suis-je pas un perfide comme Judas, lorsque je vous livre, ô Jésus, au démon votre ennemi déclaré, pour satisfaire ou mon avarice, ou mon ambition, ou ma sensualité, ou pour plaire à un ami? Ne suis-je pas un traître comme Judas, toutes les fois qu'en retombant dans le péché, je vous chasse de mon ame pour y introduire le démon? Pardonnez-moi, ô Jésus, mes sacriléges, mes perfidies, mes infidélités. Ne permettez pas que je tombe dans l'endurcissement comme Judas.

3. Que dois-je plus admirer, ô Jésus, ou votre douceur, ou l'obstination de Judas? Vous ménagez cet Apôtre, vous le reprenez avec bonté, vous lui parlez avec tendresse : *Mon ami, qu'êtes-vous venu faire ici? Quoi! Judas, vous trahissez le Fils de l'homme par un baiser* (1)! Cependant Judas demeure obstiné, et il meurt dans le désespoir et dans l'impénitence. Votre douceur ô Jésus, m'apprend comment je dois traiter mes ennemis, et l'obstination de Judas me fait voir quel est l'abîme où conduisent souvent les sacriléges et les passions qu'on ne réprime pas. Seigneur, ne m'abandonnez pas aux désirs déréglés de mon cœur; amollissez-en la dureté; rappelez mon ame de ses égaremens; faites que je marche toujours entre l'espérance et la crainte, que je sois fidèle dans les petites choses, afin de l'être dans les grandes.

Voici, Seigneur, mes résolutions; faites-moi la grâce de les mettre en pratique.

(1) Matth. xxvi. 50; Luc. xxii. 48.

1. J'aurai soin de réprimer mes passions dans leur naissance.

2. Je pleurerai toute ma vie les sacriléges que j'ai commis, et j'éviterai ce crime à l'avenir.

3. Je craindrai par-dessus tout l'abus des grâces et l'ingratitude envers mon Dieu.

VIe MÉDITATION.

Jésus pris et lié par les soldats.

1. Quel spectacle se présente à mes yeux! Je vous vois, ô Jésus, environné d'une troupe de soldats forcenés, et des serviteurs du grand-prêtre, armés d'épées et de bâtons, pour vous prendre comme un voleur. Vous renversez par terre cette troupe de furieux, et vous les relevez par une seule de vos paroles; mais, peu touchés de ce double miracle, ils se jettent sur vous, comme des loups affamés sur un innocent agneau; et ravis de joie de tenir celui qu'ils ne voient vivre qu'à regret, il n'est point d'insulte ni de cruautés qu'ils n'exercent sur votre personne sacrée.

Je vous adore, ô Jésus, dans cette état d'humiliation, comme mon Seigneur et mon Dieu. Pendant que vos ennemis vous outragent, agréez que je vous offre mes adorations. Vous souffrez qu'on vous traite comme un voleur pour expier les larcins dont je me rends coupable à l'égard de Dieu votre Père, lorsque je désobéis à sa loi pour suivre ma volonté propre, lorsqu'au lieu de rapporter tout à sa gloire, je rapporte tout à moi-même. Faites, Seigneur, que le désir de vous glorifier soit le principe et la fin de toutes mes actions et de toutes mes souffrances. Le premier de vos Apôtres, poussé d'un zèle que vous n'approuvez pas, tire l'épée pour votre défense, et coupe l'oreille au serviteur du grand-prêtre ; mais vous, Seigneur, rendant le bien pour le mal, vous guérissez sur-le-champ cet ingrat ; et par là vous m'apprenez à souffrir, et à ne repousser jamais la violence par la violence.

2. Les chaînes et les liens dont je vous vois chargé, mon admirable Sauveur, me rappellent le souvenir des chaînes et des liens dont je me suis chargé moi-même, en vivant au gré de mes passions. Votre captivité me met devant les yeux celle où je me suis jeté en me livrant à des habitudes criminelles. Mais ce qui cause ma douleur et ma confusion, c'est que ma captivité est la cause de la vôtre ; mes péchés sont les liens qui attachent vos mains sacrées, c'est pour expier l'usage criminel que j'ai fait de ma liberté, que vous portez ces chaînes ignominieuses.

Si je condamne ces scélérats qui vous

traitent avec tant d'indignité, combien plus dois-je me condamner moi-même! O captivité de mon Sauveur! soyez le remède de la mienne, donnez-moi l'aimable liberté des enfans de Dieu; brisez les chaînes de mes péchés, de mes inclinations dépravées, de mes habitudes perverses, qui tiennent mon ame captive, et qui l'empêchent de vous suivre; rompez les liens de mes iniquités, qui m'attachent au monde et à ses vanités, afin que, parfaitement libre et dégagé de tous les amusemens de la terre, je vous offre un *sacrifice de louange.*

3. Mais, Seigneur, en rompant les liens qui m'attachent à la terre et à moi-même, unissez-moi à vous par les sacrés liens d'une charité divine, attachez-moi à votre loi et à mes devoirs.

Que la fidélité à garder vos commandemens, à répondre à vos desseins, à remplir les obligations de mon état, fasse mon objet capital. C'est alors que je jouirai d'une liberté parfaite, quand je serai votre esclave, quand votre amour régnera dans mon cœur, quand j'obéirai sans réserve à tous vos ordres, quand je ne ferai aucun usage de mes sens que pour votre gloire : c'est là le seul objet de mes désirs.

Voici, ô mon Dieu, mes résolutions, que je veux garder avec le secours de votre grâce.

1. Je combattrai sans relâche mes inclinations corrompues, et je pratiquerai les vertus opposées à mes mauvaises habitudes. J'éviterai avec soin toutes les occasions du péché.

2. Dès à présent je renonce à toutes mes attaches, pour ne servir que vous, ô mon Dieu, pour ne dépendre que de vous.

3. Je vous rendrai des actions de grâces de ce que, par vos chaînes, vous m'avez délivré de la captivité du démon, de l'esclavage des passions qui me déshonoroient, qui me dégradoient, qui me tyrannisoient.

VIIe MÉDITATION.

Jésus abandonné de ses disciples.

1. Qui l'eût cru, mon aimable Sauveur, que des disciples, qui venoient de témoigner tant de constance et de courage, vous eussent lâchement abandonné dans un temps où ils devoient vous marquer plus d'attachement? qui l'eût cru, que des Apôtres, qui avoient protesté hautement qu'ils étoient prêts à mourir pour vous et avec vous, eussent pris la fuite dans un temps où vous sembliez avoir le plus besoin de consolation? C'est ici que j'apprends qu'on doit peu compter sur ses meilleurs amis, qui changent comme la fortune.

Un homme est-il riche, puissant? est-il dans l'estime, dans le crédit, dans la faveur? est-il en état de rendre service? tous se disent ses amis. Devient-il pauvre, disgracié, hors d'état de faire du bien? est-il persécuté? tout le monde l'abandonne. Que je ne compte donc que sur vous, ô Jésus! Vous êtes seul mon espérance, mon refuge et ma ressource. Malheur à moi, si je me confiois jamais en moi-même, en ma force, en ma santé, en mes richesses, ou dans mes parens et mes amis! tout cela n'est qu'un bras de chair incapable de me soutenir. J'espérerai en vous seul, ô mon Dieu, et alors je ne serai point confondu. Quelle grâce, Seigneur, lorsque vous permettrez que tous les appuis humains viennent à me manquer, pour m'obliger à mettre en vous seul toute ma confiance! Ah! je connois quel a été mon aveuglement, de m'être confié au monde, qui m'a toujours trompé. Monde séducteur, je te renonce : Jésus seul sera désormais mon partage.

2. Je condamne, ô Jésus, la lâcheté de vos disciples, qui vous abandonnent dans le fort de votre affliction, et je ne me condamne pas moi-même, qui ai été mille fois plus infidèle. En combien d'occasions, ô mon Dieu, et en combien de manières n'ai-je pas abandonné vos intérêts, non par la crainte de la mort, comme les Apôtres,

mais par la crainte de déplaire au monde, ou par le désir de lui plaire! Combien de fois ai-je gardé le silence, lorsque je devois parler! combien de fois, par respect humain, pour un vil intérêt, pour une ridicule vanité, pour un plaisir d'un moment, ai-je approuvé le mal, lorsque je devois le condamner!

Ah! Seigneur, comment avez-vous pu souffrir mes infidélités? comment ne m'avez-vous pas abandonné, après que je vous avois abandonné moi-même? Oubliez, ô mon Dieu, toutes mes infidélités; je les condamne, je les déteste : je veux être plus fidèle à l'avenir.

3. Mais, après tant d'inconstance, de lâcheté, d'infidélité, n'ai-je pas sujet de me défier de la protestation que je vous fais aujourd'hui? Hélas, après mille protestations de fidélité, que je vous ai faites au pied des autels, ou dans le sacré tribunal de la pénitence, ne vous ai-je pas abandonné, comme les Apôtres, dès qu'il s'est agi de risquer un intérêt temporel, ou de souffrir quelque humiliation pour l'amour de vous? Dans le temps de l'abondance, lorsque tout réussit comme je désire, il me semble que je serai toujours fidèle; et dans le temps de l'épreuve, dans le moment de la tentation, je tombe dans le trouble, je m'affoiblis, et je viole toutes

mes promesses d'être plus chaste, plus tempérant, plus modeste, plus humble, plus constant, plus patient.

Seigneur, vous connoissez ma foiblesse ; ne m'abandonnez jamais, et ne permettez pas que je vous abandonne : soutenez-moi par votre grâce toute-puissante. Que rien au monde, ni louanges, ni mépris, ni caresses, ni outrages, ni promesses, ni menaces, ni la mort, ni la vie ne me séparent jamais de vous, qui êtes seul mon bonheur et ma félicité.

Voici mes résolutions, que je mets entre les mains de votre miséricorde.

1. Je me défierai beaucoup de ma foiblesse, pour ne me confier jamais qu'en vous seul.

2. Je ne me plaindrai point quand les hommes m'abandonneront.

3. Je vous demanderai souvent d'aimer mieux mourir que de vous abandonner en retombant volontairement dans le péché.

VIIIe MÉDITATION.

Jésus traîné devant les tribunaux de Jérusalem, comme un criminel.

1. DANS le jardin des Oliviers, vous avez expié, ô Jésus, la folle joie des pécheurs par la douleur la plus amère : vous allez main-

tenant expier, dans Jérusalem, l'orgueil des pécheurs par les humiliations les plus ignominieuses. Je vous vois entrer dans cette grande ville, capitale de toute la Judée, et si célèbre dans le monde : dans cette ville où vous vous êtes fait admirer par la pureté de votre doctrine, par l'éclat de vos miracles, par l'innocence de votre vie; je vous y vois entrer, non en triomphe, comme vous y entrâtes il n'y a que six jours, mais comme un criminel, lié et garotté, accompagné d'une troupe de soldats et d'autres insolens, qui vous traitent avec la dernière ignominie. Quel cortège pour le Roi de gloire! C'est ici, ô Jésus, que vous confondez mon orgueil, l'envie que j'ai de paroître, de briller dans le monde; mon empressement pour les louanges, pour l'estime des hommes. Il faut que mon orgueil soit bien enraciné, puisque, pour le guérir, il est nécessaire qu'un Dieu souffre de si grandes humiliations. Inspirez-moi, Seigneur, une véritable humilité.

2. Je vous adore, ô Jésus, dans cet appareil humiliant avec lequel on vous traîne par les rues de Jérusalem, pour vous mettre entre les mains du grand-prêtre et des magistrats. Je vous reconnois pour le Roi des Anges et des hommes, à travers les outrages et les insultes qu'on vous fait. C'est pour moi que vous souffrez toutes ces in-

dignités. Voilà ce que mes péchés, surtout mon orgueil et ma vanité, avoient mérité. Vous satisfaites pour moi à la justice de votre Père; quelle ne doit pas être ma reconnoissance! Je vous remercie, ô Jésus, d'avoir voulu acquitter les dettes que j'avois contractées; mais vous exigez de moi que je m'humilie comme vous, avec vous, et après vous; vous exigez que, pour honorer vos humiliations, je souffre avec joie, ou du moins avec soumission, celles qu'il plaira à Dieu de m'envoyer.

Quoi de plus juste! Voudrois-je rechercher la gloire et les honneurs du monde, pendant que mon Dieu pousse l'humilité jusqu'à l'anéantissement? Vous êtes mon maître, ô Jésus; j'ai l'honneur d'être votre disciple : pour avoir part à la gloire de votre triomphe, il faut que je participe à l'ignominie de vos souffrances. Je ne serai donc jamais sauvé, si je ne renonce à l'orgueil, si je ne pratique l'humilité, si je ne souffre avec patience les outrages que me font mes ennemis.

3. Seigneur Jésus, agréez que je vous suive pendant qu'on vous conduit par les rues de Jérusalem, non-seulement avec ignominie, mais encore avec une extrême fatigue. J'honore ces pas sacrés, j'adore cet empressement de votre cœur, et je me jette à ces pieds divins, lassés et fatigués

pour l'amour de moi. C'est pour expier mes démarches criminelles que vous voulez être conduit devant des juges injustes et passionnés ; c'est pour satisfaire à la justice de votre Père, pour tous les péchés que j'ai commis en allant dans ces promenades nocturnes ou écartées, dans ces rendez-vous scandaleux, dans ces conversations licencieuses, dans ces danses profanes, dans ces bals, ces spectacles déshonnêtes, ces académies de jeu, et dans ces assemblées mondaines où le démon préside.

Vous voulez par là me retirer de la voie large qui conduit à la perdition, pour me faire marcher dans la voie étroite qui mène à la vie. Faites, ô Jésus, que je réponde fidèlement à tous vos desseins, et que je marche jusqu'à la fin de ma vie dans les sentiers de la justice.

Voici mes résolutions ; ne permettez pas qu'elles soient sans fruit.

1. J'accepte dès à présent toutes les humiliations qui me viendront, soit de la justice ou de la miséricorde de Dieu, soit de mes propres défauts.

2. Je ne ferai aucun pas pour m'attirer l'estime et les applaudissemens du monde.

3. Je fuirai avec soin les spectacles, les danses, bals, académies de jeu, et toutes les autres assemblées mondaines qui seroient pour moi une occasion de péché.

IXe MÉDITATION.

Jésus accusé par les faux témoins.

1. On vous conduit, innocent Jésus, premièrement chez Anne, et ensuite chez Caïphe, souverains pontifes, et sans garder aucune formalité, (puisque c'est la nuit) on commence à instruire votre procès. C'est ainsi que l'envie, la fureur, l'aveuglement et la passion font violer toutes les lois. Oserai-je me plaindre, quand on les violera à mon égard? On vous interroge touchant votre doctrine et vos disciples. *J'ai parlé en public*, dites-vous avec une modestie qui auroit charmé des esprits moins prévenus; *Je n'ai rien dit en secret; interrogez ceux qui m'ont entendu* (1). Une réponse si sage et si modérée vous attire un soufflet d'un des serviteurs du grand-prêtre, et vous endurez un si sanglant outrage sans témoigner la moindre aigreur. O que vous condamnez bien ici mes impatiences! Comment souffrirois-je, ô mon Dieu, un pareil outrage, moi qui ne respire que la vengeance, qui rends injure pour injure, insulte pour insulte, malédiction pour malédiction !

(1) Joan XVIII. 20, 21.

2. Là viennent en foule de faux témoins que l'envie de vos ennemis a corrompus. Il n'est point de calomnie atroce dont on ne vous charge. On vous accuse, devant tout ce qu'il y a de plus respectable dans Jérusalem, de vous être vanté de détruire le temple de Dieu, d'empêcher de payer le tribut à César, d'exciter des troubles et des séditions parmi le peuple. Tout le monde vous accuse sans que personne prenne votre défense. *O Pontife saint, innocent, sans tache, séparé des pécheurs, et élevé au-dessus des cieux* (1)! je vous adore, calomnié en présence du pontife de la terre, des prêtres, des docteurs de la loi, des anciens du peuple, et j'admire votre modération. Vous pouviez, sans user de récrimination, récuser les juges et les témoins, faire connoître leur malignité et leurs artifices, justifier votre conduite; et cependant vous ne dites pas un mot pour votre justification. Que j'apprenne de vous, mon aimable Sauveur, à souffrir avec patience les calomnies qu'on publiera contre moi ; que je conserve comme vous un fonds inépuisable de charité pour ceux qui m'imposeront de faux crimes; que je prie pour ceux qui me noirciront; que j'étouffe tout ressentiment; mais que je prenne bien

---

(1) Hebr. vii. 26.

garde de juger témérairement qui que ce soit, ni de calomnier personne! Pour cela, j'ai besoin de me dépouiller de tout esprit de prévention, d'éteindre en moi la passion de l'envie, qui est une source intarissable de jugemens injustes, de médisances et de calomnies. C'est la grâce que j'attends de votre miséricorde.

3. Comme tous ces témoignages, qu'on portoit contre Jésus, ne s'accordoient pas, et que Jésus ne disoit rien pour sa défense: *Je te commande,* lui dit le grand-prêtre, *de nous dire si tu es le Christ, Fils du Dieu vivant.* Prêtre impie, Prêtre sacrilége, est-ce ainsi que tu parles à celui devant qui tout genou doit fléchir? Vous ne pouvez plus vous taire, adorable Jésus; il s'agit du respect qui est dû à Dieu, et de rendre témoignage à la vérité. *Oui,* répondez-vous, *je suis le Christ, Fils du Dieu vivant.* C'en est assez; nous n'avons plus besoin de témoins, dit le grand-prêtre; *il a blasphémé, il mérite la mort.* Jésus-Christ a dit la vérité, et il mérite la mort! C'est ainsi que la passion fait juger.

Oui, innocent Jésus, vous méritez la mort, sans que vous ayez jamais commis de crime, mais parce que vous avez bien voulu vous charger des crimes de tous les hommes. Vous voyez dans cette injuste sentence, prononcée par Caïphe, la justice de votre Père qui prononce contre vous l'arrêt de mort : aussi vous ne vous défendez pas, vous ne résistez point. Vous m'apprenez ici, ô Jésus, à adorer les desseins de Dieu sur moi, dans les fausses accusations, dans les jugemens téméraires qu'on portera contre moi, et en même temps je vois quelle doit être mon attention pour ne calomnier personne, pour ne juger personne injustement.

Voici, ô Jésus, mes résolutions; mais en les faisant, je ne les fonde que sur votre miséricorde :

1. De n'être plus si jaloux de ma réputation, de prier pour mes calomniateurs, de compatir au mal qu'ils se font à eux-mêmes;

2. De me justifier avec modération, sans intéresser l'honneur de ceux qui me condamneroient injustement;

3. De soutenir la vérité, au risque de tout intérêt temporel, mais avec prudence et discrétion.

Xe MÉDITATION.

Jésus outragé, frappé et insulté pendant la nuit.

1. Vous voilà donc, ô Jésus, comme un innocent agneau livré à la fureur des loups, pendant cette nuit douloureuse et ignomi-

nieuse. Tandis que les princes des prêtres, les Scribes et les Pharisiens se retirent pour prendre leur repos, vous demeurez abandonné à la brutalité des soldats, des valets, et des hommes les plus misérables. Il n'y a point de moquerie, ni d'insulte, ni d'outrage qu'ils ne vous fassent souffrir, persuadés qu'ils seront approuvés en tout. On vous crache au visage, on vous donne des soufflets, on vous met un voile sur la face, et ensuite on vous frappe, en vous disant par dérision : *Christ, prophétise-nous qui t'a frappé* (1). Je vous adore, aimable Jésus, dans cet état d'humiliation que vous souffrez pour moi. Je vous reconnois pour le vrai Christ et le Sauveur de tous les hommes.

Vous avez été consacré par l'onction de la Divinité; vous êtes le grand Prophète, prédit et figuré par tous les Prophètes; vous êtes le Roi des Anges et des hommes, le suprême Dominateur du ciel et de la terre; vous êtes le souverain Prêtre éternel, dont le sacrifice doit expier tous les péchés de la terre. J'adore en vous toutes ces augustes qualités.

2. La nuit, qui est pour les autres hommes un temps de repos et de tranquillité, n'est pour vous qu'une suite d'outrages et de

(1) Matth. XXII. 68.

souffrances. C'est donc ainsi, divin Jésus, que vous expiez la licence que les mondains se donnent pendant la nuit, à la faveur des ténèbres.

C'est ainsi que vous expiez les abominations et les turpitudes qui se passent dans les assemblées nocturnes, dans les bals, dans les spectacles, dans le jeu, etc. Hélas! je n'y avois jamais fait réflexion; je condamnois ces insolens, qui vous ont traité avec tant de cruauté et d'ignominie, et je ne me condamnois pas moi-même, qui ai été la cause de tous ces outrages, pendant ces nuits que j'ai passées dans le crime ou dans la dissipation. Pardon, mon Dieu! miséricorde, ô mon Sauveur! Quand je m'éveillerai pendant la nuit, je frapperai ma poitrine, et je me reprocherai mes désordres.

5. On couvre de crachats votre visage, ô le plus beau des enfans des hommes! on meurtrit de soufflets cette face adorable qui réjouit les Anges, et vous ne vous plaignez pas! Oserai-je me plaindre, quand on me fera quelque affront, quand on m'outragera? Si vous voulez être traité avec tant d'ignominie, c'est pour expier cette complaisance idolâtre que les mondains ont pour une vaine beauté, cette application criminelle à lui donner de l'éclat par mille artifices et mille ornemens que l'orgueil a inventés.

N'ai-je point désiré de plaire, d'être regardé, d'être estimé, d'être adoré? C'est donc ainsi que vous confondez mon orgueil, ô mon Dieu!

Puis-je, adorable Jésus, regarder votre visage couvert de crachats et meurtri de soufflets, sans entrer dans une sainte indignation contre moi-même? Toutes ces paroles licencieuses, équivoques, déshonnêtes; tous ces juremens, ces blasphèmes que j'ai proférés, ne sont-ils pas autant de crachats dont j'ai déshonoré votre divin visage? Toutes les fois que j'ai trahi la vérité ou la justice, que j'ai abandonné vos intérêts, que j'ai rougi de votre loi et de votre Évangile, par une lâche complaisance; toutes les fois que j'ai violé les promesses que je vous avois faites de vous être fidèle, ne sont-ce pas là autant de soufflets que je vous ai donnés? C'est donc moi-même qui vous ai outragé avec cette troupe d'insolens. Mon Dieu, je m'avoue coupable; je réclame votre miséricorde avec un cœur percé de douleur.

Voici, ô mon Dieu, mes résolutions, que je veux garder avec le secours de votre grâce.

1. Je tâcherai de souffrir avec patience les outrages; je ne répondrai jamais injure pour injure, ni malédiction pour malédiction.

2. Avant de me mettre au lit, je ferai un acte de contrition, en pensant que je puis mourir cette nuit; et pour réparer les nuits que j'ai passées dans la dissipation ou dans le désordre, je gémirai sur mes péchés.

3. Je ne ferai point de cas de la beauté, ni dans moi ni dans les autres. Je renonce aux vains ornemens. Je ne prononcerai plus de paroles indécentes ni malignes.

XIe MÉDITATION.

Jésus renié par saint Pierre.

1. Au milieu de tous les outrages que vous recevez des Juifs, ô Jésus, au lieu de consolation, voici pour vous un surcroît de douleur. Pierre, le premier de vos Apôtres, le témoin de votre gloire sur le Thabor, et de votre agonie sanglante dans le jardin des Oliviers; Pierre admis depuis trois ans dans votre familiarité, soutenu par vos exemples; Pierre à qui le Père céleste a révélé votre divinité, et que vous venez de communier de votre main, vous renie devant tout le monde. Il ne paroît point devant les juges; il n'est point intimidé par le grand-prêtre, ni épouvanté par les bourreaux; il est seulement interrogé par une servante, et il vous renie jus-

qu'à trois fois, même avec serment. Ce sont là trois glaives qui vous percent le cœur.

Vous êtes donc, ô Jésus, livré à la fureur de vos ennemis, et vous ne recevez aucune consolation de vos plus chers amis; car, ou ils vous trahissent, ou ils vous abandonnent, ou ils vous renoncent. Que j'apprenne de vous à supporter toutes les disgrâces, à ne jamais me plaindre de l'infidélité de mes amis, à ne chercher et à n'attendre de consolation que de vous, ô mon Dieu!

2. Quelle lâcheté dans Pierre, et quelle chute en même temps! C'est ici que je vois de quoi je suis capable, lorsque je me fie en mes propres forces, et que je n'ai pas recours à vous. O mon Dieu, guérissez la présomption de mon cœur; faites-moi sentir ma foiblesse; inspirez-moi de vrais sentimens d'humilité. Pierre s'étoit montré si intrépide quand vous lui prédisiez, ô Jésus, qu'il vous renieroit jusqu'à trois fois; et il avoit protesté hautement qu'il aimeroit mieux mourir: cependant il craint, il pâlit, il se trouble, à la voix d'une servante, et il déclare qu'il ne vous connoît point.

Qui ne craindra pas, en voyant les colonnes de l'Eglise renversées? qui présumera de soi-même? qui osera s'exposer aux occasions du péché? Hélas! c'est dans les occasions du péché qu'on oublie Jésus-Christ; c'est là qu'on le renonce. Combien de fois, aimable Jésus, ne vous ai-je pas renoncé, sinon par paroles, au moins par mes actions, pour m'être exposé à l'occasion du péché, malgré les plus belles protestations que je vous avois faites de vous être fidèle! Toutes les fois que j'ai violé votre loi, que j'ai manqué à mes devoirs; que j'ai participé aux péchés d'autrui, par la crainte de déplaire, ou par le désir de plaire, ou pour quelque autre motif humain; j'ai dit, par mes actions et par ma conduite, que je ne vous connoissois pas. Heureux si, comme Pierre, je me convertissois, et je faisois pénitence!

3. Que vos jugemens sont terribles et impénétrables, ô mon Dieu! mais en même temps qu'ils sont justes, qu'ils sont adorables! Judas vous trahit, et il meurt dans son péché; Pierre vous renie, et il fait pénitence. Judas périt par son obstination; Pierre est sauvé par votre miséricorde, ô Jésus, après que vous avez jeté sur lui un regard de tendresse et de compassion. Pierre pleure son péché, mais il le pleure d'abord, il le pleure amèrement et jusqu'à la mort.

Quelle différence, ô mon Dieu, entre votre Apôtre et moi! Pierre se convertit d'abord, et moi je diffère toujours. Le péché de Pierre n'a été qu'un péché passager, et sa pénitence a duré autant que sa vie; mon péché a duré long-temps, et ma pénitence est à peine de quelques heures. La pénitence de Pierre a été amère, et la mienne est superficielle; elle n'est qu'une ombre de pénitence. La pénitence de Pierre a été constante, il n'est plus retombé; et moi, après avoir fait pénitence, je retombe presque aussitôt. Quel fonds puis-je faire sur une telle pénitence, ô mon Dieu? Regardez-moi, Seigneur, de ce regard miséricordieux qui convertit saint Pierre, afin que je me convertisse dès ce moment, sans différer davantage; afin que je pleure amèrement mes péchés, que je les pleure toujours, et que je n'y retombe jamais.

Voici, ô Jésus, mes résolutions; je les mets entre vos mains.

1. Je me défierai toujours de moi-même, et je mettrai ma confiance en vous seul.

2. Je fuirai toutes les occasions du péché, cette lecture, cette fréquentation, etc.

3. Je veux me convertir dès ce moment. Je veux pleurer mes péchés toute ma vie; et aussitôt que j'aurai commis une faute, quelque légère qu'elle soit, je ferai un acte de contrition. Je ne croupirai plus dans mon péché, comme j'ai fait jusqu'ici.

XII.e MÉDITATION.

Jésus accusé par les Juifs devant Pilate.

1. Vous venez, ô mon Sauveur, de souffrir toutes sortes d'insultes de la part des Juifs, pendant cette nuit d'affliction. Vous avez paru devant Anne et devant Caïphe comme un criminel; vous avez été trahi par un de vos Apôtres, renié par un autre, abandonné de tous. N'est-ce pas assez pour satisfaire votre amour pour l'homme pécheur, et pour apaiser la fureur de vos ennemis? Non, mon Dieu, vous voulez consommer votre sacrifice; et vos ennemis, qui ne vous voient vivre qu'à regret, se pressent de faire prononcer par Pilate la sentence de mort qu'ils ont déjà portée contre vous.

Le jour est à peine venu, que les princes des prêtres, les docteurs de la loi et les anciens du peuple s'assemblent pour délibérer sur les moyens de vous mettre à mort; et, comme il ne leur est pas permis de faire mourir personne, ils vous conduisent eux-mêmes chez Pilate, qui est un impie et un idolâtre. O que les pécheurs sont actifs et diligens quand il s'agit de vous offenser et de satisfaire leurs passions! mais, hélas! qu'ils sont lâches et indolens;

quand il est question de garder votre loi, d'obéir à vos ordres, de remplir leurs devoirs, de pratiquer la vertu! Faites, Seigneur, que je vous prévienne dès le matin, non pour répandre votre sang comme vos ennemis, mais pour attirer sur moi le mérite de ce sang précieux.

Ils vous conduisent donc de Caïphe à Pilate. Qui pourroit exprimer les nouvelles cruautés qu'ils exercent sur vous? qui pourroit faire le détail des injures, des blasphèmes que le peuple profère contre vous, quand vous passez par les rues de Jérusalem pour aller au Prétoire? Donnez-moi de souffrir, ô mon Dieu, pour l'amour de vous, toutes les humiliations, avec la même patience que vous les endurez.

2. Après avoir essuyé toutes sortes d'outrages, vous arrivez enfin, ô Jésus, à la maison du gouverneur. Les Juifs, par une fausse délicatesse de conscience, par un scrupule pharisaïque, ne veulent point entrer dans le Prétoire, de peur de se souiller, et d'être hors d'état de participer aux victimes pascales. Quel aveuglement! ils ne font pas difficulté de faire mourir le plus innocent de tous les hommes, et ils appréhendent sans fondement de se souiller en entrant dans la maison d'un païen. N'est-ce pas ainsi qu'une infinité de chrétiens se font une obligation de différentes

pratiques que Dieu ni l'Eglise ne commandent pas, tandis qu'ils violent sans remords les premiers commandemens de la loi, et les devoirs les plus essentiels de leur état ?

Moi-même, ô mon Dieu, n'ai-je point donné dans cette dévotion fausse et hypocrite, lorsque, content des pratiques extérieures de la religion, je n'en suivois point l'esprit ? Je vous honorois du bout des lèvres, et mon cœur étoit loin de vous ; j'avois un extérieur de piété, et mon cœur étoit engagé dans le crime ; je parlois en chrétien, et je vivois en païen. Quand j'allois à la communion pour vous recevoir, ô véritable Agneau pascal, je ne pensois qu'à bien déclarer mes péchés, sans faire aucun effort pour les quitter ; je me confessois sans douleur, sans bon propos, sans jamais me convertir, sans faire pénitence ; toujours attaché au péché et aux occasions du péché. Faites, Seigneur, que je sois désormais plus sincère.

3. Pilate, pour s'accommoder à la superstition des Juifs, sort de son Prétoire. Ce ne sont plus des gens de la lie du peuple qui vous accusent, ô Jésus ; ce sont les premiers de la ville. Ils publient que *vous êtes un malfaiteur, et que, si vous n'étiez pas tel, ils n'auroient eu garde de vous livrer entre ses mains.* Ils vous accusent *d'a-*

voir voulu vous faire roi des Juifs, d'avoir excité des séditions parmi le peuple, et d'avoir défendu de payer le tribut à César (1). Que de calomnies entassées les unes sur les autres! Cependant vous ne répondez rien.

Donnez-moi, ô mon Dieu, une patience à toute épreuve, semblable à la vôtre. Je vous adore dans cette circonstance de votre Passion; j'adore la soumission de votre cœur aux ordres de votre Père; je reconnois que ce sont mes péchés qui vous exposent à la confusion de paroître devant un juge impie et idolâtre, d'être accusé devant lui, par tout ce qu'il y a de plus respectable dans Jérusalem, des crimes les plus énormes. Serai-je toujours, ô mon Dieu, si jaloux de ma réputation, et si délicat sur le point d'honneur?

Voici mes résolutions, ô Jésus; faites, par votre grâce, que je ne me démente jamais.

1. Je n'accuserai jamais personne; et, dans les calomnies qu'on publiera contre moi, après avoir rendu témoignage à la vérité, j'attendrai de vous avec patience ma justification.

2. Je ne me contenterai point d'une piété superficielle; mais sans négliger les saintes

---

(1) Joan. XVIII. 30; Luc. XXIII. 2.

pratiques qui sont de surérogation, je m'attacherai principalement à tout ce qui est de devoir et d'obligation.

XIIIe MÉDITATION.

Jésus méprisé par Hérode.

1. Vous voilà, ô Jésus, conduit devant un quatrième tribunal, pour y recevoir de nouvelles humiliations. Comme vous représentez tous les pécheurs, vous ne récusez aucun juge. Que je vous suive partout, ô divin Maître, et que je profite des exemples de patience, de douceur et d'humilité que vous me donnez partout. Pilate, charmé de votre modestie, convaincu de votre innocence, ne pouvant calmer la fureur des Juifs, vous envoie vers Hérode, pour se débarrasser de vous. Il n'est pas assez généreux pour prendre votre défense, et il n'est pas encore assez injuste pour vous condamner.

C'est ainsi, ô mon Dieu, que l'innocent est presque toujours abandonné, quand il a de fortes parties, pour des raisons d'intérêt et de politique, que suggère la prudence de la chair. Combien de fois, par une complaisance lâche et intéressée, ne vous ai-je pas abandonné à la licence des libertins, au lieu de soutenir vos intérêts, dans ces compagnies où l'on vous outrageoit par des discours malins, corrupteurs et scandaleux! Pilate profite de cette occasion pour se réconcilier avec Hérode; et c'est ainsi, ô Jésus, que les mondains vous font servir, vous et votre religion, à leurs intérêts.

2. Hérode est ravi de joie de vous voir, parce qu'il se flatte que vous ferez en sa présence quelque miracle; mais vous ne daignez pas seulement lui parler. Il n'est pas digne d'entendre une seule de vos paroles, parce que c'est un impudique et un libertin; vous ne vous communiquez qu'aux ames chastes. Par cette conduite pleine de sagesse, vous m'apprenez à ne jamais exposer la vérité, la religion, les choses saintes au mépris des profanes, qui se font un jeu et un divertissement des plus saints mystères.

Vous ne dites pas un mot, ni pour satisfaire Hérode, qui vous fait plusieurs questions, ni pour vous défendre contre vos ennemis, qui vous accusent devant lui. Et ce religieux silence que j'adore, me fait entendre que, si je dois parler quand il s'agit de soutenir vos droits, je dois me taire quand il n'est question que de contenter la curiosité des mondains. Réprimez, Seigneur, l'intempérance de ma langue, et apprenez-moi, ô Sagesse éternelle, à ne parler que quand le devoir ou la bienséance l'exige.

3. Hérode regarde votre silence comme une folie, et il vous traite comme un insensé. Il se joue de vous, il vous expose à la risée et au mépris de toute sa cour. C'est ainsi que les mondains se moquent de la piété et des gens de bien. Après qu'il s'est diverti à vos dépens, il vous fait habiller de blanc, et, dans cet humiliant équipage, vous renvoie vers Pilate. Je vous adore, ô Jésus, dans cette humiliation qui enchérit sur toutes les autres ; je vous reconnois pour la sagesse éternelle, la souveraine raison qui régit et gouverne l'univers. Vous possédez tous les trésors de la sagesse et de la science de Dieu; vous êtes la voie, la vérité et la vie; vous êtes la lumière du monde, et quiconque ne marche pas après vous, marche dans les ténèbres. Me siéroit-il à moi de désirer d'être estimé sage, prudent, spirituel, savant, pendant que vous, ô Sagesse incarnée, vous voulez passer pour un insensé devant un roi et devant toute sa cour? C'est ici que je vois l'aveuglement des mondains. Aveuglés par leurs passions, ils méprisent ce qu'ils devroient estimer, ils estiment ce qu'ils devroient mépriser. Ils appellent folie la vraie sagesse, et sagesse ce qui est une vé-

ritable folie. Que je préfère toujours, ô mon Dieu, la folie apparente de la croix à la fausse prudence du siècle!

Voici mes résolutions, ô Jésus; que votre grâce m'y rende fidèle.

1. Je ne ferai aucun cas des louanges ou des mépris des mondains, qui ne sauroient contribuer ni déroger à mon mérite.

2. Je veux garder chaque jour quelque temps le silence pour honorer le vôtre, et mesurer toutes mes paroles, afin de ne parler que pour vous glorifier, ou pour édifier le prochain.

XIVe MÉDITATION.

Le peuple préfère Barabbas à Jésus.

1. Vous voilà absous, ô Jésus, dans le tribunal d'Hérode, qui avoit plus d'intérêt que personne à relever l'accusation qu'on a intentée contre vous, d'avoir voulu vous faire roi des Juifs. Pilate, convaincu de votre innocence, tout païen qu'il est, veut vous délivrer. Il croit avoir trouvé un expédient infaillible, mais il se trompe: *Vous savez*, dit-il aux Juifs, *que c'est la coutume d'élargir un prisonnier à la fête de Pâque; à qui voulez-vous que j'accorde cette grâce, à Barabbas ou à Jésus-*

Christ (1) ? Quelle comparaison humiliante pour vous, ô Jésus, le Saint et le Juste, comparé à un voleur; le Roi de paix à un séditieux, l'auteur de la vie à un meurtrier ? Oserai-je me plaindre, quand je me verrai confondu avec les hommes les plus vils ? Par surcroît d'humiliation, ce peuple ingrat, ce peuple timide, léger et inconstant, ce peuple témoin de votre sainteté et de vos miracles, ce peuple que vous avez comblé de bienfaits, donne la préférence à Barabbas. O ingratitude ! ô aveuglement ! C'est ainsi que le monde juge des choses, ce monde que nous aimons, ce monde auquel nous nous attachons, ce monde que nous suivons.

C'est ainsi que les mondains préfèrent tous les jours ceux qui vivent selon le monde à ceux qui vivent selon l'Evangile. C'est ainsi que, dans le tribunal du monde, le criminel est absous, et l'innocent condamné ; le pécheur flatté dans ses désirs déréglés, et le juste persécuté. Que je méprise donc, ô Jésus, l'estime, les louanges, l'approbation des hommes, que je ne m'arrête point au jugement du monde, que je ne me plaigne jamais de ses injustes préférences.

2. Je vois, aimable Jésus, dans l'injuste

---

(1) Matth. XXVII. 17, 15.

procédé de ce peuple ingrat et infidèle, de quoi l'homme est capable, quand il s'est livré à ses passions, quand il n'a en vue que ses intérêts. Je vois les grands ravages que le péché fait dans son ame, l'aveuglement qu'il répand dans son esprit, l'endurcissement et l'obstination qu'il forme dans son cœur, et alors il n'est point de crime qui l'arrête.

Ah! Seigneur, combien de fois, aveuglé par mes passions, entraîné par les usages et les coutumes du monde, gagné par les sollicitations ou par les promesses, n'ai-je pas fait de ces injustes préférences! Combien de fois n'ai-je pas préféré le monde à Dieu, un intérêt temporel au salut éternel, une vie de plaisir à une vie pénitente et mortifiée! Lorsque j'ai eu le malheur de retomber dans le péché après mes confessions, j'ai comparé le démon à mon Dieu; et, par un choix également injurieux et insensé, j'ai préféré le démon à mon Dieu. Puis-je y penser sans avoir le cœur pénétré de componction? Malheureux péché, je te déteste, je te condamne. Faites que j'aime mieux mourir, ô mon Dieu, que de jamais vous offenser en retombant dans le péché.

3. Pilate, par un principe d'équité naturelle, s'oppose jusqu'à trois fois aux demandes injustes des Juifs, mais sans rien

avancer. Ce peuple dénaturé ne cesse point de crier qu'on vous fasse mourir, ô Jésus, et qu'on délivre Barabbas. Quelle inconstance dans ce peuple! Il n'y a que six jours qu'il vous reçut en triomphe dans sa ville; aujourd'hui il ne cesse point de crier qu'on vous crucifie. Alors ce n'étoient qu'acclamations, que cris de joie: aujourd'hui ce ne sont que clameurs confuses pour qu'on vous fasse mourir.

Je reconnois ici, ô Jésus, la voix de mes péchés, qui s'élève plus haut pour demander votre mort, que celle de Pilate pour demander votre vie; et je dois avouer avec confusion et avec douleur que, toutes les fois que j'ai péché, j'ai crié avec ce peuple ingrat: *Qu'on le crucifie* (1)! Je vois dans ces vains efforts que fait Pilate pour vous délivrer, l'image de ces désirs foibles et languissans que j'ai quelquefois de vous servir, mais qui ne vont jamais à l'exécution. Je vois dans l'obstination des Juifs à demander votre mort, que les brigues et les sollicitations des méchans l'emportent souvent sur les raisons de ceux qui se déclarent pour la justice. Je vois, dans l'endurcissement des Juifs, ce que j'ai été moi-même pendant que j'ai vécu dans mes habitudes mauvaises, et ce que je serois en-

(1) Matth. XXVII. 23.

core, si vous m'abandonniez à la dureté de mon cœur. Seigneur, ayez pitié de moi; pardonnez-moi tous mes péchés; amollissez ce cœur obstiné et endurci; convertissez mon ame; donnez-moi une volonté pleine, parfaite et constante d'être à vous.

Voici, ô mon Dieu, mes résolutions; que rien au monde ne soit capable de me les faire violer.

1. J'accepterai avec un cœur soumis toutes les préférences qu'on fera aux autres sur moi, quelque injustes qu'elles me paroissent.

2. Dès à présent, je renonce pour toujours au péché qui vous a fait mourir dans mon cœur. Je veux que vous y régniez seul, que vous ayez toujours la préférence sur toute chose.

3. Je ferai plus d'estime des gens de bien que des mondains, de la piété solide que de toutes les belles qualités que le monde estime.

XVe MÉDITATION.

Jésus flagellé.

1. Pilate, voyant que son premier expédient ne lui avoit pas réussi, en invente un autre, plus cruel et plus humiliant pour

vous, mon aimable Sauveur. Il vous condamne à la flagellation. Juge lâche et intéressé, juge inique! est-ce ainsi que tu fais justice? Jésus est innocent; donc il sera déchiré à coups de fouet. Jésus n'est coupable d'aucun crime; donc il faut le traiter en criminel, et lui faire subir le châtiment des plus vils esclaves! C'est ainsi, ô mon Dieu, que les mondains veulent allier vos intérêts avec les leurs, l'Evangile avec les usages du monde, leur conscience avec leurs passions. Pilate avoit quelque désir de vous sauver la vie, ô Jésus, parce que votre innocence et l'envie de vos ennemis lui étoient connues, et que sa femme, tourmentée par une vision, lui avoit fait dire de ne pas se mêler de ce qui vous regardoit; mais il n'avoit point assez de fermeté pour résister à vos ennemis. Il espéroit les calmer par la flagellation, et il ne fait qu'exciter de plus en plus leur fureur contre vous.

N'est-ce pas ainsi que, par lâcheté ou par complaisance, j'ai opprimé ou laissé opprimer l'innocent? Si Pilate vous avoit rendu justice, ô Jésus, il auroit obligé vos ennemis à vous faire réparation d'honneur: il les auroit condamnés comme des calomniateurs, et vous auroit renvoyé avec éloge; mais votre amour pour nous n'auroit pas été content, ni la justice de votre Père satisfaite, ni le mystère de la rédemption accompli.

2. Il y a long-temps que vous aviez dit par votre Prophète, que vous étiez prêt à souffrir la flagellation (1). L'heure en est venue; je vous vois déjà environné d'une troupe de bourreaux, qui, sans respect pour votre pudeur, vous dépouillent de vos habits, vous attachent à une colonne, et déchargent sur votre chair innocente une grêle de coups. Votre corps est tout déchiré; le sang coule de toutes parts; ils vous mettent dans un état où l'on ne vous reconnoît plus.

Ces barbares ont formé des sillons sur votre chair adorable, comme un laboureur fait dans la terre (2). Je reconnois, Seigneur, dans votre flagellation ce que j'avois mérité moi-même. Soyez béni à jamais, ô Jésus, d'avoir voulu souffrir pour moi un supplice si cruel et si ignominieux, et d'avoir voulu expier par là tant d'impuretés, tant de sensualités, tant de délicatesses et de plaisirs criminels que j'ai accordés à mon corps.

Appliquez-moi, ô Jésus, les mérites de votre flagellation. Que votre captivité entre les mains des bourreaux me délivre de la servitude de mes passions, et des tortures

---

(1) Ps. xxxvii. 18. — (2) Ps. cxxviii. 3.

de l'enfer. Que votre nudité expie ces nudités scandaleuses qui vous déshonorent; qu'elle mérite à mon ame la robe précieuse de votre grâce. Que, par ces liens qui vous attachent à la colonne, je sois inviolablement attaché à vous. Que la flagellation, qui déchire votre chair sacrée, produise le déchirement de mon cœur. Que les plaies de votre corps guérissent celles de mon ame. Que le sang adorable que vous répandez ici coule sur moi pour me sanctifier. Que votre douceur, votre patience, votre amour pour les souffrances, me rendent doux, patient, amateur de la croix.

3. Mais, ô mon aimable Sauveur! en voyant votre corps innocent tout déchiré, tout ensanglanté, voudrois-je toujours traiter le mien, qui est si criminel, avec mollesse, avec délicatesse? Non, mon Dieu, non; je rougis ici devant vous des satisfactions que je lui ai données. Je veux châtier ce coupable, et le réduire en servitude. Je veux mortifier cette chair rebelle, par le jeûne, par l'abstinence; je veux l'humilier par la pénitence, autant qu'elle s'est élevée par la sensualité; je veux la crucifier avec ses désirs déréglés. Je renonce dès à présent à tous les plaisirs criminels, et je n'userai de ceux qui sont permis, qu'avec la modération qui convient à un pécheur. Afin d'avoir part à votre gloire et à vos conso-

lations, je désire de participer à vos souffrances. J'accepte, dès cette heure, les douleurs, les maladies, et tous les autres fléaux dont il plaira à la justice de votre Père de me frapper. Je vous offre mon corps et mon ame comme une victime que j'immole à votre gloire, pour l'expiation de mes péchés.

Voici mes résolutions; j'espère que vous me donnerez le courage de les observer.

1. Je pratiquerai chaque jour quelque mortification.

2. Je veux fuir avec horreur tous les péchés honteux, m'habiller selon les règles de la modestie, et vivre dans une grande pureté de corps et d'esprit.

3. Dans les tentations, je me rappellerai la cruelle flagellation que vous avez endurée pour moi.

XVIe MÉDITATION.

Jésus revêtu de pourpre et couronné d'épines.

1. La barbarie de vos ennemis, ô mon Sauveur, n'est point encore satisfaite; les ruisseaux de sang que vous venez de répandre dans cette cruelle flagellation ne sont pas capables d'éteindre leur fureur : voici un nouveau genre de supplice et d'i-

gnominie. Des soldats insolens vous revêtent d'un manteau de pourpre ; ils enfoncent dans votre tête une couronne d'épines, vous mettent un roseau à la main en forme de sceptre, et ensuite, pour insulter à votre royauté, pour vous traiter en roi de théâtre, ils fléchissent les genoux devant vous, et vous disent par dérision et par moquerie : *Je te salue, Roi des Juifs* (1). C'est donc ainsi que l'on vous traite, ô suprême Dominateur du ciel et de la terre !

Quelle n'est pas la malignité du péché, (ne le comprendrai-je jamais?) puisqu'il en coûte si cher à Jésus-Christ pour l'expier ! Aimerai-je encore ce monstre horrible, ce cruel meurtrier de mon Sauveur? le laisserai-je régner dans mon cœur au préjudice de la soumission que je vous dois, ô Roi souverain! vivrai-je tranquille dans l'état du péché?

Quelle insolence dans ces soldats ! mais dans vous, ô Jésus, quelle patience ! Vous pouvez écraser ces misérables qui vous insultent; cependant, loin de leur résister, vous ne dites pas un seul mot pour vous défendre. J'apprends ici à céder à la violence, à ne jamais répondre injure pour injure, outrage pour outrage. J'apprends à n'insulter jamais personne, à éviter les mo-

(1) Matth. XXVII. 29.

queries, puisque vous avez dit que le bien ou le mal qu'on fait au moindre de ceux qui croient en vous, rejaillit sur vous-même.

2. Qu'il en est parmi les chrétiens, ô Roi de gloire, qui vous outragent comme ces soldats insolens! que d'hypocrites qui font semblant de vous adorer, tandis que, par leurs actions et par leur conduite, ils vous traitent avec le dernier mépris! N'est-ce pas vous traiter en roi de théâtre, que de fléchir les genoux du corps devant vous, pendant qu'on fléchit les genoux de l'ame devant l'idole de sa passion? de dire qu'on vous aime de tout son cœur, pendant qu'on aime ce que vous défendez d'aimer, ce qu'on ne sauroit aimer sans vous déplaire? de vous adresser de belles prières du bout des lèvres, pendant que le cœur ne prie pas, ou qu'il désire ce qu'il n'est pas permis de désirer? d'approcher du sacré tribunal avec un extérieur pénitent, pendant que le cœur est attaché au crime? de participer aux saints mystères avec une apparence imposante de religion, pendant qu'on persévère toujours dans ses désordres? de parler de la religion en beaux termes, pendant que la religion est éteinte dans le cœur? N'ai-je point été de ce nombre? Hélas! je tremble, ô mon Dieu, je suis tout couvert de confusion; quand je rentre en moi-même, je

ne vois qu'hypocrisie dans toute ma vie.

3. Pendant que les soldats vous traitent en roi de théâtre, je vous adore, ô mon Sauveur, je vous reconnois pour le roi éternel, le roi souverain, le roi universel de toutes les créatures; je me soumets en tout à vos ordres et à votre volonté; régnez vous seul dans mon cœur. Que cette robe de pourpre dont on vous a revêtu par dérision, revête mon ame de la robe précieuse d'une charité ardente. Que cette couronne d'épines, dont on a percé votre tête, perce mon cœur d'une douleur salutaire, d'une sainte componction. Que ce roseau qu'on vous met à la main, soit pour moi un sceptre qui me fasse commander à mes passions. Puisque cet état humiliant où je vous vois condamne mon ambition, mon orgueil et ma vanité, qu'il serve aussi à les expier, et à m'inspirer les sentimens d'une sincère humilité.

Faites, Seigneur, que je renonce aux pompes du siècle, que je mette toute ma gloire à être méprisé dans le monde. Ayant l'honneur d'être un de vos membres, et de vous avoir pour chef, me siéroit-il de m'enfler d'orgueil, pendant que je vous vois humilié; et de vivre dans les plaisirs et dans les délices, pendant que vous êtes couronné d'épines?

Voici, ô mon Dieu, mes résolutions : je

vous prie de les affermir dans mon cœur.

1. Je veux vous adorer et vous servir dans toute la sincérité de mon cœur, et éviter toute hypocrisie.

2. Je m'abstiendrai des railleries et de toute parole qui pourroit blesser mes frères.

3. Je souffrirai toutes les humiliations qui m'arriveront, pour honorer les vôtres.

XVIIe MÉDITATION.

Jésus présenté au peuple : VOILA L'HOMME.

1. PILATE vous présente au peuple, ô Jésus, se flattant que la vue du triste état où les bourreaux vous ont réduit, l'attendrira. *Ecce Homo*, voilà l'homme! vous étiez tellement meurtri, déchiré, ensanglanté, que vous n'aviez plus figure d'homme : c'est pourquoi ce gouverneur se crut obligé d'avertir les Juifs que vous étiez cet homme qu'ils avoient mis entre ses mains; mais les Juifs, altérés de votre sang, n'en sont point touchés. Leur fureur ne sera satisfaite, que lorsqu'ils vous verront expirer sur la croix; c'est pourquoi ils ne cessent de crier : *Crucifiez-le, crucifiez-le* (1).

Voilà à quoi aboutit la politique de Pi-

---

(1) Joan. XIX. 5.

late, à vous faire souffrir davantage, à irriter de plus en plus la rage de vos ennemis, parce qu'il n'a pas la force de leur résister. Ce que Pilate vous fit souffrir alors, les mondains vous le font souffrir tous les jours dans vos membres foibles et pauvres, par des ménagemens trop humains. Que je me conduise toujours, ô mon Dieu, par les règles de la justice et de la vérité, et non par les vues lâches et trompeuses d'une politique mondaine. Ne souffrez pas, ô Jésus, que je m'endurcisse comme les Juifs; amollissez la dureté de mon cœur, afin que, sensible aux outrages que je vous ai faits par mes péchés, je ne pense désormais qu'à vous glorifier.

2. *Ecce homo :* voilà l'homme! Je n'écoute plus Pilate, ce juge inique et lâche, qui, au lieu de vous protéger, comme il y est obligé par état, vous livre à l'envie de vos ennemis. C'est vous seul, ô mon divin maître, que j'écoute et que je regarde. Je vois ici quel a été l'excès de votre amour pour moi : mon cœur ne devroit-il pas être embrasé d'amour pour vous? Je vois ce que c'est que le péché, quelle est sa malignité et le châtiment qu'il mérite : pourrai-je me déterminer jamais à commettre un seul péché? Je vois jusqu'où va la fureur de vos ennemis, et de quoi je serois capable moi-même, si vous m'abandonniez

aux désirs déréglés de mon cœur. Que l'image de l'état déplorable où mes péchés vous ont réduit, se présente à mon esprit, lorsque je serai tenté. Que je meure plutôt mille fois, que de jamais renouveler votre mort : vivez toujours dans mon cœur par votre grâce.

Je vois quelle est l'horreur que votre Père a du péché, quelle est la rigueur de sa justice. Père éternel, *Ecce homo*, voilà l'Homme-Dieu, le cher objet de vos complaisances, votre Fils unique. *Regardez la face de votre Christ* (1); ne faites pas attention au nombre et à l'énormité de mes péchés, cet objet ne pourroit qu'exciter votre colère; mais jetez les yeux sur votre Fils, qui satisfait pour moi à votre justice.

3. *Ecce homo*, voilà l'homme! Vous voulez bien que je vous regarde en cet état, ô Jésus, vous me le commandez : il n'est rien de plus salutaire pour moi, que de vous avoir toujours présent à mon esprit. Que je me confronte aujourd'hui avec vous, puisque je dois vous être confronté au jour terrible de vos vengeances. Mais quel sujet de confusion pour moi! D'un côté, je vois un Dieu innocent, sans tache, impeccable : il est couvert d'ignominie, rassasié d'opprobres, accablé de douleur;

---

(1) Ps. LXXXIII. 9.

d'un autre côté, je vois un pécheur, et un grand pécheur, toujours superbe et délicat. Vous ne deviez rien souffrir, ô Jésus, puisque vous étiez innocent, et vous souffrez tout. Je devrois tout souffrir, puisque je suis criminel, et je ne veux rien souffrir. La moindre douleur, une petite humiliation, une perte, une injure, une parole mal placée, une marque de mépris me trouble, me déconcerte, me met hors de moi. Je me plains, je murmure, je m'emporte, pendant que vous souffrez avec un esprit tranquille les plus sanglans outrages.

Est-il juste, ô mon Dieu, que, pendant que vous innocent, êtes couronné d'épines, moi coupable, je sois couronné de fleurs? Non, mon Dieu, je veux châtier cette chair rebelle et criminelle. Votre patience sera le modèle que je me proposerai dans les maux que j'aurai à souffrir.

Voici mes résolutions; gravez-les, Seigneur, profondément dans mon cœur.

1. Je veux suivre les règles de la justice et de la vérité, sans respect humain, sans égard pour qui que ce soit.

2. Toute ma vie, je veux pleurer mes péchés, dont l'expiation vous a coûté si cher.

3. Je veux souffrir avec vous, et comme vous, tous les maux dont il plaira à la Providence de m'affliger.

XVIII.e MÉDITATION.

Jésus condamné à mort par Pilate.

1. Pilate, ne pouvant rien gagner sur le cœur obstiné des Juifs, que l'envie, la rage et la fureur animoient contre vous, innocent Jésus, rentre dans le Prétoire, et vous y fait entrer avec lui. Il vous interroge de nouveau, comme si, à force de vous interroger, il pouvoit vous rendre coupable ; mais vous gardez un profond silence. Quelle douceur ! quelle humilité ! quelle patience ! Silence adorable de Jésus, mettez un frein à ma langue, apprenez-moi à me taire quand il faut. Pilate ose vous menacer, ô Jésus, en vous disant : *Ignores-tu que j'ai le pouvoir de te faire crucifier, ou de te renvoyer absous ?* Paroles insolentes, mais qui n'altèrent point votre douceur, ô mon divin maître. *Vous n'auriez aucun pouvoir sur moi, s'il ne vous avoit été donné d'en haut* (1), lui dites-vous. Cette réponse, si juste et si modérée, fait impression sur Pilate : n'en devroit-elle pas faire sur les juges de la terre ? ne devroient-ils pas se souvenir que toute leur autorité vient de Dieu, et qu'il ne

(1) Joan. XIX. 10, 11.

leur est permis d'en user que selon les desseins de Dieu, pour rendre la justice à tout le monde, et non pas la violer? Frappé de cette parole, Pilate veut vous délivrer; mais pressé par les clameurs des Juifs et par les menaces qu'ils lui font, qu'il encourra la disgrâce de César s'il vous délivre, il se lave les mains, et prononce l'arrêt de mort contre vous.

2. Grand Dieu, quelle injustice! en fut-il jamais de semblable! Tu as beau te laver les mains, Pilate; tu ne souilles pas moins ta conscience en consentant à l'iniquité, quoiqu'à contre cœur, puisque tu es, par état, obligé à t'y opposer. En vain donc prétendrois-je me décharger sur ceux qui m'auroient sollicité, des péchés que j'aurois commis par complaisance ou par crainte. Malheureux respect humain, de quels crimes n'es-tu pas la cause! Hélas! quand on veut plaire, ou que l'on craint de déplaire à des personnes puissantes, de quoi n'est-on pas capable! Il n'y a ni loi, ni Evangile, ni salut éternel qui arrête.

Ma religion me soulève ici et contre la lâcheté de Pilate et contre la malice des Juifs. Je ne fais pas attention que j'ai prononcé contre vous, ô Jésus, la sentence de mort avec Pilate; que j'ai demandé votre mort avec les Juifs, toutes les fois que j'ai consenti au péché, puisque c'est pour l'expier que vous êtes condamné à perdre la vie. Avec quelle soumission, avec quelle tranquillité d'esprit et de cœur n'entendez-vous pas l'arrêt de mort que Pilate prononce contre vous! O divin Jésus, vous élevez votre vue plus haut; vous n'écoutez ni Pilate ni les Juifs, vous regardez votre Père, qui prononce contre vous cette sentence.

Ah! si dans les jugemens injustes qu'on porte contre moi, dans les calomnies dont on me noircit, dans les persécutions qu'on me fait souffrir, et dans toutes les disgrâces qui m'arrivent, j'étois pénétré des mêmes sentimens; si je regardois mon Dieu; si je le voyois en esprit de foi les yeux vers le ciel; si je pensois qu'il ne m'arrivera que ce qu'il plaira à Dieu; que les hommes n'ont de pouvoir sur moi que celui que vous leur donnez; qu'ils ne peuvent me nuire que parce que vous le voulez, que quand vous le voulez, qu'autant que vous le voulez : quelle ne seroit pas ma consolation! qu'est-ce qui pourroit troubler la paix de mon cœur?

3. En entendant l'arrêt de Pilate, vous faites à votre Père, ô Jésus, un sacrifice volontaire de votre vie. Agréez, Seigneur, que je me joigne à vous pour vivre et mourir avec vous. Peut être qu'à l'heure de ma mort je ne serai pas en état de vous faire cette offrande. Dès ce moment, ô mon

JÉSUS CONDAMNÉ A MORT.

Dieu, je me soumets à l'arrêt de mort que vous avez prononcé contre l'homme pécheur. Je reconnois qu'il est juste, et j'accepte dès cette heure tel genre de mort qu'il vous plaira; *que je meure seulement de la mort des justes, et que ma fin soit semblable à la leur* (1). Préservez-moi, ô mon Jésus, de la mort du malheureux Judas. En voyant que vous êtes condamné, il se repent de son péché, il le confesse tout haut, il publie votre innocence, il restitue le prix de sa perfidie, et cependant sa pénitence est vaine, parce qu'il n'aime pas son Dieu, et qu'il n'espère plus en sa miséricorde. Faites, Seigneur, que votre amour soit le principe de ma pénitence, et que l'espérance en soit le fondement.

Voici mes résolutions, que je vous offre, ô mon Dieu!

1. Je foulerai aux pieds tout respect humain, toute crainte mondaine, quand il s'agira de votre loi ou de mes devoirs.

2. Dans toutes les disgrâces de la vie, je dirai: *Le Seigneur est le maître; qu'il dispose de moi, comme il le trouvera bon à ses yeux* (2).

3. Je ferai tous les jours à Dieu l'offrande de ma vie, afin d'obtenir la grâce d'une sainte mort.

(1) Numer. XXIII. 10. — (2) Reg. III. 18.

XIXe MÉDITATION.

Jésus va au Calvaire, portant sa Croix.

1. Que les méchans sont prompts à faire le mal! A peine Pilate a-t-il prononcé cet arrêt si funeste et si ignominieux pour vous, ô Jésus, mais si salutaire pour moi, que vous êtes livré entre les mains des bourreaux. Dans l'instant, on vous ôte avec violence la robe de pourpre déjà collée sur votre corps, et l'on rouvre toutes vos plaies; on vous revêt de vos habits, afin que, passant par les rues de Jérusalem pour aller au Calvaire, vous soyez mieux connu, et plus exposé aux insultes d'un peuple ingrat et insolent. La croix se trouve toute prête; on la charge sur vos épaules. Vous embrassez, aimable Jésus, cette croix si ardemment désirée; vous la regardez comme l'instrument de votre triomphe sur le démon, sur le monde et sur l'enfer.

O Jésus, livré aux bourreaux qui vous traitent avec tant d'inhumanité, délivrez-moi de la tyrannie des passions qui déchirent mon cœur. O Jésus, dépouillé de la robe de pourpre, et revêtu de vos habits, dépouillez-moi du vieil homme et de ses affections, et revêtez-moi du nouveau, qui est vous-même. Que j'entre dans tous les sentimens dont vous étiez alors pénétré, surtout dans cet esprit de sacrifice et de soumission sans réserve à la volonté de votre Père.

2. Je vous adore, ô Jésus, chargé de la croix. Je vous reconnois, sous ce bois infâme que vous portez pour l'amour de moi, comme mon Dieu, mon souverain Seigneur, mon Sauveur et mon unique espérance. Je vous considère comme le pontife éternel de la loi nouvelle. Vous allez offrir ce grand sacrifice, figuré par tous les sacrifices anciens, qui doit procurer notre salut. Souffrez, ô souverain prêtre, que je vous suive, que je sois témoin du plus auguste, du plus précieux, du plus solennel de tous les sacrifices. Faites que je pratique les vertus dont vous me donnez l'exemple, et que je recueille avec fruit les dernières paroles de mon Père mourant.

Je vous vois monter sur le Calvaire, portant la croix, comme le véritable Isaac chargé du bois de son holocauste; avec cette différence, qu'il suffit à Isaac d'avoir donné des preuves de sa bonne volonté; mais pour vous, ô Sauveur, il faut que vous expiriez sur la croix. Que ce fardeau est pesant! qu'il est ignominieux! mais le fardeau de mes péchés que vous portez aujourd'hui, l'est incomparablement davantage. Je vous remercie, ô mon Dieu, d'avoir voulu vous charger du poids accablant de mes iniquités pour m'en décharger. Hélas! que serois-je devenu, si vous n'aviez eu pitié de moi? j'étois perdu sans ressource. Vous êtes donc en ce jour un pénitent public et universel, et vous allez vous immoler sur l'autel de la croix pour les péchés de tous les hommes. Que je porte donc, avec vous et à votre suite, cette croix devenue si pesante et si ignominieuse par le poids de mes péchés.

3. Je lis dans votre Evangile, ô Jésus, que vos ennemis obligèrent Simon de Cyrène à porter la croix après vous. Il la porta malgré lui; mais avec le secours de votre grâce, je veux la porter de bon cœur, avec un esprit de soumission et de conformité à la volonté de votre Père, et pour participer aux mérites de vos souffrances. Hélas! tout le monde a des croix : les bons en ont, les méchans en ont aussi. Je vois avec vous deux larrons qui portent leur croix, et qui y meurent à vos côtés. L'un se sanctifie sur la croix, et l'autre y consomme sa réprobation. C'est donc le bon usage des croix et des afflictions qui nous sanctifie.

Ce bon usage dépend de votre grâce, ô mon Dieu; accordez-moi donc de porter les miennes dans un esprit de pénitence et de soumission. Je sais, et je l'ai appris de votre bouche, que, pour être votre disciple, et pour régner avec vous, il faut que je me renonce moi-même, que je porte ma croix tous les jours, et que je vous suive.

Les croix que vous voulez que je porte avec vous et après vous, ce sont cette maladie, ces douleurs qui m'affligent, cette pauvreté qui m'accable, ces injures, ces calomnies dont on me noircit, ce procès, ces persécutions qu'on suscite contre moi, ces contradictions que je trouve dans le monde, ces scrupules, ces peines intérieures qui me désolent; enfin tous les maux que j'ai à souffrir. Si je n'ai pas assez de générosité pour aller au-devant de la croix comme vous, et comme plusieurs de vos disciples, faites, par votre grâce, que, malgré la répugnance que j'ai pour les souffrances, j'accepte avec soumission et avec reconnoissance celles qu'il vous plaira de m'envoyer; que je les regarde comme des faveurs, et comme la voie qui conduit au ciel.

Voici mes résolutions : c'est de vous seul, ô mon Dieu, que j'en attends le succès.

1. Je regarderai toutes les afflictions de cette vie comme une portion précieuse de votre croix, et je m'estimerai heureux, lorsque j'aurai quelque chose à souffrir pour vous.

2. Dans la prospérité, lorsque tout réussira selon mes désirs, dans l'abondance et dans la gloire, je craindrai, je tremblerai, et je renoncerai à tout de cœur et d'affection, pour l'amour de vous.

XXe MÉDITATION.

Jésus attaché à la croix.

1. Adorable victime, après avoir essuyé dans les rues de Jérusalem tout ce qu'on peut imaginer d'opprobres et d'insultes; après l'extrême foiblesse où vous ont réduit cette nuit cruelle et cette sanglante flagellation que vous venez de souffrir; après un entier épuisement de forces, causé par le pesant fardeau de la croix, vous arrivez enfin sur le Calvaire. Là, par une compassion barbare, on vous présente du vin mêlé avec de la myrrhe et du fiel, breuvage qu'on avoit accoutumé de donner aux patiens pour les fortifier. Peuple ingrat! est-ce ainsi que tu reconnois les bienfaits de celui qui t'a nourri de la manne dans le désert, de celui qui a fait sortir de l'eau du rocher pour étancher ta soif? Je vois bien, ô Jésus, que vous ne voulez point d'adoucissement dans vos souffrances, et j'apprends en même temps que les con-

solations mondaines sont toujours mêlées d'amertume.

Vous goûtez de ce breuvage amer autant qu'il en faut, pour que votre langue, qui n'avoit encore rien souffert, ait son supplice particulier; mais vous ne l'avalez pas, pour n'en recevoir aucun soulagement dans votre foiblesse. C'est ici que vous condamnez ma sensualité dans les repas, et mon attention à me procurer tous les adoucissemens dans les maux que j'endure. Donnez-moi, ô Jésus, l'amour de la tempérance, et faites que je ne sois pas moins attentif à mortifier mes sens, que je l'ai été à les satisfaire.

2. Après vous avoir dépouillé de vos vêtemens, ô Jésus, on vous étend sur l'autel de la croix, où vous allez offrir ce grand sacrifice, qui doit expier toutes les iniquités de la terre, qui va rendre à Dieu des hommages dignes de son être suprême, des actions de grâces égales à ses bienfaits; enfin, qui va apaiser sa colère, et attirer sur les hommes toutes les bénédictions du ciel. Pour faire voir que vous êtes une victime volontaire, vous présentez vos mains et vos pieds. O cruauté! on perce avec des clous, assez gros pour soutenir la pesanteur du corps, ces mains sacrées qui ne se sont jamais ouvertes que pour faire du bien, ces pieds adorables qui se sont

lassés à chercher les brebis errantes de la maison d'Israël.

Quelle douleur! cependant on n'entend aucune plainte : et moi, si un doigt me fait mal, j'en suis désolé! C'est donc ainsi, adorable Jésus, que vous expiez tant de larcins, tant de rapines, tant de faussetés, tant d'actions impures, profanes, injustes, sacriléges, auxquelles les mains servent d'instrumens. C'est ainsi que vous expiez les démarches criminelles des mondains, lorsqu'ils vont aux bals, aux spectacles, aux assemblées profanes où le démon préside, et où il excite toutes les passions. Que mes mains, ô mon Dieu, n'agissent que pour votre gloire; que mes pieds n'aient de mouvement que pour aller où mon devoir m'appelle.

3. O Jésus attaché sur la croix, attachez-moi à la croix avec vous, afin que, comme votre Apôtre, je puisse dire que le monde est crucifié pour moi, et que je suis crucifié pour le monde. Donnez-moi de mépriser les richesses, la gloire, les plaisirs du monde; de ne me glorifier que dans votre croix; de crucifier ma chair avec tous ses désirs déréglés ; de vivre et de mourir avec vous : faites enfin que rien au monde ne puisse me séparer de vous.

O Jésus attaché à la croix, attachez-moi à l'observation de votre loi, à l'accomplissement des devoirs de l'état où vous m'avez placé : que je porte mon attention à y être fidèle jusqu'à la fin de ma vie. Que ni les charmes, ni les enchantemens du monde, ni ses usages, ni ses coutumes; ni les prières, ni les sollicitations, ni les louanges, ni les mépris; ni les promesses, ni les menaces; ni les présens, ni les persécutions; ni les espérances, ni la crainte du monde, ne m'affoiblissent jamais, quand il s'agira de votre loi, de votre Evangile, de mes obligations.

Voici, ô Jésus, mes résolutions; faites-moi la grâce de les garder.

1. Dans les croix et dans les afflictions, je ne m'en prendrai point à ceux qui me les procureront; mais y regardant la justice et la miséricorde de mon Dieu, je m'y soumettrai avec un humble respect.

2. J'aimerois mieux tout souffrir, que de me servir de mes mains ou de mes pieds pour aucune action mauvaise.

3. Je serai fidèle à suivre ma vocation, et à en remplir les devoirs.

XXIe MÉDITATION.

Jésus élevé sur la croix.

1. Je vous vois déjà élevé sur la croix, mon adorable Sauveur; vous y demeurez

en vie depuis midi jusqu'à trois heures, vous rendant obéissant jusqu'à la mort, et à la mort de la croix. Combien vives sont vos douleurs, causées par la pesanteur du corps soutenu seulement par de gros clous, qui percent les parties les plus sensibles des mains et des pieds! Quelle confusion pour vous, d'être ainsi exposé tout nu à la vue d'un grand peuple rassemblé de toutes parts à Jérusalem pour la solennité de la Pâque! C'est ainsi que vous expiez, ô Jésus, ma mollesse, ma délicatesse, mon empressement pour les plaisirs. C'est ainsi que vous réparez l'outrage que font à votre Père ces nudités scandaleuses, aujourd'hui si communes et si autorisées par l'usage.

Je vous adore, ô Jésus élevé en croix! je vous regarde sur cette croix, comme mon maître. Vous êtes assis sur la croix comme sur une chaire de docteur; et c'est de là que vous m'apprenez quelle obéissance je dois aux ordres de votre Père, quel zèle je dois avoir pour la modestie, avec quel mépris je dois regarder les vains ornemens. De là, vous m'enseignez efficacement le détachement des biens de la terre et l'amour de la pauvreté, puisque après avoir vécu pauvre, vous voulez mourir nu sur la croix, et que les bourreaux partagent entre eux vos habits. Vous me montrez encore avec quelle patience je dois supporter les douleurs de mes maladies, et la confusion que mes péchés peuvent m'attirer devant le monde. Que de leçons, ô mon Dieu ! faites-moi la grâce de les retenir et de les suivre.

2. Si les Juifs regardent votre croix, ô Jésus, comme un sujet d'ignominie, comme un infâme gibet; pour moi, je la regarde comme un trône auguste où vous recevez les hommages dus à votre souveraineté, et d'où vous commandez à toutes les nations. Je la regarde comme un tribunal terrible où vous jugez les hommes, comme une chaire éclatante d'où vous m'enseignez la doctrine du salut, d'où vous m'apprenez que la croix est le partage des élus, et que ce n'est que par la croix qu'on peut prétendre à la gloire. Je la regarde comme un lit nuptial, où vous enfantez, où vous formez votre Eglise; et je dois me regarder moi-même comme l'enfant de la croix, engendré au pied de la croix. Enfin je regarde la croix comme un autel vénérable, où vous consommez ce sacrifice solennel, figuré, désiré, attendu depuis quatre mille ans.

Je vous considère, ô Jésus élevé en croix, comme le véritable serpent d'airain élevé dans le désert de l'Eglise. Guérissez mon ame des morsures du serpent infernal; délivrez-la de ses passions qui la déchirent; faites mourir en elle l'amour-propre qui ne veut rien souffrir, qui murmure sans cesse dans les peines qui se présentent. Que ce sang précieux qui coule de vos plaies, soit comme un baume salutaire qui guérisse les plaies de mon ame.

3. Vous aviez dit, ô Jésus, que, quand vous seriez élevé de la terre, vous attireriez tout à vous (1), et vous parliez alors de votre élévation sur la croix. Attirez donc mon cœur à vous : que toutes les affections de mon cœur se portent vers vous. Inspirez-moi un généreux mépris de tous les vains amusemens de la terre. Faites que je n'aime que vous, que je ne pense, que je ne parle, que je n'agisse, que je ne respire que pour vous.

C'est de la croix que vous avez attiré les martyrs, qui, animés par votre exemple, embrasés de votre amour, fortifiés par votre grâce, ont couru à la mort comme à un triomphe. C'est de la croix que vous avez attiré tant de solitaires, qui ont vécu sur la terre comme les Anges dans le ciel ; tant de personnes de tout âge et de toute condition, qui ont renoncé au monde pour ne vivre qu'avec vous ; tant de fameux pécheurs, qui ont édifié l'Église par leur pénitence.

Attirez, ô Jésus, par votre grâce toute-

(1) Joan. XII. 22.

JÉSUS ÉLEVÉ SUR LA CROIX. 157

puissante, tant d'autres pécheurs qui se damnent misérablement, qui outragent votre Père, qui vous crucifient de nouveau, qui scandalisent l'Eglise par leurs désordres; inspirez-leur de vrais sentimens de pénitence. Attirez-moi aussi moi-même, Seigneur; retirez-moi de cet abîme d'iniquité où je me suis jeté; rompez les liens de ces mauvaises habitudes, qui me retiennent dans le péché. Affermissez-moi dans la pratique d'une piété solide; faites que j'y persévère, malgré mes combats intérieurs, et les railleries des mondains; comme vous n'avez jamais voulu descendre de la croix, quelques instances que les Juifs vous en aient faites.

Voici, ô Jésus, mes résolutions; daignez y répandre votre bénédiction.

1. Je renonce à la vanité, au luxe des habits, et à tout ce qui blesse la pudeur et la modestie.

2. Je veux tous les jours méditer votre croix, la regarder comme la source de mon salut, et ma consolation dans mes peines.

3. Pour en venir à la pratique, j'aurai dans ma chambre un Crucifix, devant lequel je ferai mes prières, afin de m'animer à suivre chaque jour Jésus crucifié.

XXII.e MÉDITATION.

Première parole de Jésus en croix ; il prie pour ses ennemis.

1. Pendant que vous consommez ce grand sacrifice, ô Jésus, qui doit réconcilier le ciel avec la terre, je vois autour de cet autel nouveau les Juifs et les Gentils, qui, spectateurs sacriléges, profèrent mille insultes, mille blasphèmes contre vous ! *Toi, qui détruis le temple de Dieu,* crient ces furieux, *et qui le rebâtis en trois jours, que ne te sauves-tu toi-même ? Si tu es le Fils de Dieu, descends de la croix. Il a sauvé les autres, et il ne peut se sauver lui-même. S'il est le roi d'Israël, qu'il descende de la croix, et nous croirons en lui. Il met sa confiance en Dieu ; si donc Dieu l'aime, qu'il le délivre, car il a dit : Je suis le Fils de Dieu* (1). Que d'impiétés ! que de blasphèmes ! que d'outrages en ce peu de paroles ! Vous les entendez, adorable victime, et la tranquillité de votre ame n'en est point altérée.

Le bruit tumultueux de ces profanes, qui assistent à votre sacrifice, ne trouble point votre attention. Vous ne perdez point de vue la majesté souveraine de votre Père ;

(1) Matth. xxvii. 40, 42, 43.

vous ne cessez point de l'adorer. Vous êtes vraiment le Fils de Dieu : c'est pour cela que vous ne descendez pas de la croix, parce que vous voulez achever le grand ouvrage de la rédemption. Inspirez-moi la persévérance dans tous les desseins de Dieu sur moi. Vous êtes le vrai Roi d'Israël, puisque vous sauvez votre peuple en expirant sur la croix. Vous avez une parfaite confiance en votre Père, et il a pour vous un amour infini; mais ces aveugles ne voient pas que la croix en est la preuve la plus sensible, puisque par elle vous triomphez de tout. Que j'entre, ô Jésus, dans les heureuses dispositions où étoit alors votre sainte ame.

2. Loin de concevoir des sentimens d'indignation contre ces impies blasphémateurs, votre cœur s'attendrit sur leur misère. Vous adressez la parole à votre Père, et que lui dites-vous? (Que lui auriez-vous dit, vindicatifs, vous qui conservez toujours le ressentiment des plus légères injures?) Lui dites-vous : Mon Père, faites tomber vos foudres et vos carreaux sur ces têtes criminelles, sur ces inhumains, qui, peu contens de m'avoir attaché à cette croix, viennent encore insulter à ma douleur et à ma confusion?

Non, ce ne sont point là les sentimens d'un Homme-Dieu. Mon Père, lui criez-vous, me voici près de rendre le dernier soupir; je n'ai plus qu'une grâce à vous demander : *Pardonnez-leur, car ils ne savent ce qu'ils font* (1). Mon Père, pardonnez aux bourreaux qui m'ont traité avec tant de cruauté et d'ignominie. Pardonnez aux Juifs, qui ont demandé ma mort avec tant d'acharnement. Pardonnez aux Gentils, qui m'ont flagellé, qui m'ont insulté, qui m'ont crucifié. Pardonnez aux pécheurs, qui sont les auteurs de tout ce que j'endure. Voilà donc la première parole que vous prononcez sur la croix, ô Jésus, parole qui condamne tous les vindicatifs !

3. O charité de mon Dieu, pourrois-je conserver dans mon cœur quelques ressentimens contre mes ennemis, en vous voyant donner votre vie pour ceux qui vous crucifient? Non-seulement vous ne vous vengez point, mais vous aimez sincèrement ceux qui vous haïssent; vous faites les plus grands biens à ceux qui vous font les plus grands maux, vous priez pour ceux qui vous calomnient et qui vous persécutent, dans un temps où vous n'avez rien à craindre ni à espérer d'eux. C'est là ce que vous m'ordonnez; mais vous pratiquez vous-même ce que vous commandez. Faites que,

(1) Luc. XXXIII. 34.

marchant sur vos pas, je sois fidèle à garder ce commandement.

Voici, ô Jésus, mes résolutions; je vous les offre, et je ne compte que sur le secours de votre grâce pour les accomplir.

1. Pour obéir à votre loi, et me conformer à votre exemple, je pardonnerai de bon cœur à mes ennemis, je les aimerai, je ferai du bien à ceux qui me feront du mal.

2. Je serai plus sensible au mal qu'ils se font à eux-mêmes, qu'à celui que j'en recevrai; et, lorsque le souvenir de l'offense se présentera à mon esprit, je dirai : Mon Dieu, pardonnez à ceux qui me font tort, comme je veux que vous me pardonniez.

XXIIIe MÉDITATION.

Seconde parole de Jésus en croix ; il promet le paradis au bon larron.

1. O PROFONDEUR des jugemens de Dieu! de deux voleurs, compagnons de votre supplice, l'un est délivré par miséricorde, l'autre abandonné à sa malice par justice; l'un prédestiné, l'autre réprouvé; l'un se convertit, fait pénitence, confesse hautement Jésus-Christ, pendant que tout le monde l'abandonne; quel courage! effet merveilleux de la grâce, qui peut convertir

les plus grands pécheurs!) l'autre s'endurcit de plus en plus, blasphème contre Jésus-Christ, et meurt dans son péché à côté de Jésus-Christ ; (quelle obstination! effet terrible du péché dans lequel on a vieilli!) La fin heureuse de l'un me fait voir que je ne dois jamais désespérer de votre miséricorde; la mort funeste de l'autre me doit faire tout craindre de votre justice. Faites, Seigneur, que je marche toujours entre l'espérance et la crainte.

2. Je vois ici, ô souverain juge des vivans et des morts, l'image du choix et du discernement que vous ferez au jour terrible de vos vengeances, où vous placerez les bons à la droite, et les méchans à la gauche, pour une éternité.

J'y vois aussi le différent usage que font des afflictions les élus et les réprouvés. Tous les hommes ont été condamnés à souffrir en Adam, et cette sentence s'exécute tous les jours sur les justes et sur les pécheurs. Tous sont crucifiés avec vous; mais les élus, comme le bon larron, souffrent avec patience, avec soumission, avec humilité, avec joie de ce que vous leur faites part de vos souffrances : les réprouvés souffrent à contre-cœur, avec murmure, en se plaignant, en se maudissant, en blasphémant. Les élus qui expient leurs péchés par l'affliction, et s'y purifient comme l'or dans la fournaise, sont comblés de consolations; ils souffrent moins, et gagnent le ciel : les réprouvés, dans l'affliction, accumulent leurs péchés, souffrent infiniment davantage, sans consolation ni soulagement, et commencent leur enfer en ce monde. Faites-moi la grâce, ô Jésus, de souffrir comme vous et comme vos élus.

3. Un de vos Saints (1) m'apprend, ô Jésus, que l'Écriture ne rapporte que le seul exemple du bon larron, qui ait fait pénitence à la mort, quoique vous puissiez faire à d'autres la même miséricorde. Comment oserois-je donc différer ma conversion de jour en jour, et me flatter qu'il me sera plus facile de me convertir dans un âge plus avancé, ou même à la mort? N'est-ce pas m'exposer visiblement à mourir comme le mauvais larron? Puis-je espérer d'avoir à la mort un directeur plus éclairé, plus charitable, plus zélé, plus saint, que ce larron? Ce malheureux meurt obstiné et impénitent, à côté de Jésus-Christ et comme entre ses mains, tout couvert et arrosé de son sang, lorsque ce sang étoit encore tout fumant. Que ne dois-je pas craindre, si je diffère ma conversion!

Voici, ô Jésus, mes résolutions; je vous

---

(1) Saint Bernard.

les présente, afin que vous les rendiez efficaces.

1. J'espérerai toujours en votre miséricorde; mais je craindrai aussi votre justice, et dès à présent je veux me convertir, quitter mes péchés et les occasions du péché.

2. J'accepterai, en pénitence de mes péchés, toutes les disgrâces qui m'arriveront.

XXIVe MÉDITATION.

Troisième parole de Jésus en croix; il recommande sa sainte mère à saint Jean.

1. Pendant que les Juifs et les Gentils blasphèment contre vous, ô Jésus, votre sainte Mère et saint Jean votre disciple bien-aimé, compagnons inséparables de vos souffrances, sont auprès de la croix, où ils souffrent dans leur cœur tout ce que vous souffrez dans votre corps. Vierge sainte, vous êtes ici la procuratrice de l'Église, pour offrir Jésus crucifié, et pour vous offrir avec lui. Je vois dans votre personne la fidélité de l'Église, la constance des martyrs, la fermeté du sexe le plus foible, que la mort ne pourra séparer de la charité de Jésus-Christ. Faites, Vierge sainte, par vos puissantes intercessions,

que je ne rougisse jamais de Jésus-Christ, ni de ses humiliations.

Quelle force, ô Jésus, ne reçoit-on pas au pied de la croix, quand on s'y tient avec une foi vive, dans la sérieuse méditation de vos souffrances! Pierre vient de vous renoncer, intimidé à la voix d'une servante; Pilate vous a condamné par la vaine crainte d'une disgrâce : mais votre sainte Mère, mais les saintes femmes qui l'accompagnent, et votre disciple chéri, s'élèvent généreusement au-dessus de la timidité du sexe, de l'horreur d'un tel spectacle, de la tendresse naturelle du sentiment de l'ignominie d'un fils et d'un maître crucifié entre deux voleurs, et du péril où les expose la brutalité d'un peuple furieux. Ce sont là des effets de la grâce de la croix. Que cette grâce, ô Jésus, me soutienne dans tous les événemens de la vie, et qu'elle me fasse triompher de toutes les tentations, et surtout du respect humain.

2. Apercevant votre sainte Mère près de la croix : *Femme, voilà votre fils*, lui dites-vous en montrant saint Jean; et puis vous dites au disciple : *Voilà votre mère* (1). Vous apprenez ici à tous les enfans le soin qu'ils doivent prendre de leur père et de

---

(1) Joan XIX. 26, 27.

leur mère dans leurs afflictions, à quelque extrémité qu'ils soient eux-mêmes réduits. Quoique vous aimiez votre Mère d'un amour plein de tendresse, cependant vous ne le faites point paroître, puisque vous ne vous servez pas du tendre nom de mère: *Femme, voilà votre fils,* pour nous apprendre que nous devons aimer nos parens, non d'un amour humain et charnel, mais d'un amour saint, chrétien, surnaturel et divin.

J'apprends la même leçon de votre sainte Mère. Jamais mère n'aima plus tendrement: elle éprouvoit dans son cœur tout le contre-coup de vos souffrances et de vos ignominies. Elle eut alors le cœur percé du glaive de douleur que le saint vieillard lui avoit montré (1), lorsqu'elle vous présenta dans le temple; et si vous êtes appelé par le Prophète, un *homme de douleurs* (2), nous pouvons dire qu'elle fut une mère de douleurs. Cependant elle ne fait aucune démarche pour vous empêcher de mourir. Elle ne parle point aux magistrats ni au gouverneur, pour justifier votre innocence. Elle ne s'élève pas contre les faux témoins, ni contre les bourreaux. Elle vous voit expirer sur la croix, sans former aucune plainte. Elle vous offre et elle s'offre avec vous à votre Père.

(1) Luc. II. 35. — (2) Isai. LIII. 3.

Quelle soumission! quelle modération! quelle patience! quel détachement! quel sacrifice! Elle sait les desseins de Dieu sur nous, et elle les adore; elle s'y soumet sans réserve. Que les pères et les mères apprennent ici à oublier toute tendresse naturelle, quand il est question de faire à Dieu un sacrifice de leurs enfans.

3. Vous confiez, ô Jésus, votre Mère à saint Jean; vous substituez à votre place ce disciple bien-aimé. Il devient le fils adoptif de Marie, et il l'appellera sa mère, son bien, son héritage; c'est la récompense de sa virginité : quel amour n'avez-vous pas pour cette vertu! Faites, Seigneur, que je la chérisse, que je sois pur et chaste d'esprit, de cœur et de corps, et que je déteste tout ce qui blesse la sainte vertu de pureté, pensées, désirs, paroles, actions, manières indécentes; que tout cela soit une abomination à mes yeux. Saint Jean représente l'Église dans la possession de votre sainte Mère. Je puis donc, ô divine Marie, vous dire après saint Jean : Vierge sainte, voici votre fils, faites voir que vous êtes ma mère.

Pour mériter votre protection, je veux vous honorer, vous respecter comme ce fidèle disciple; je veux vous invoquer tous les jours de ma vie, avoir pour vous une tendre dévotion, et vous en donner une preuve, principalement par l'imitation de vos vertus, par une fidélité exacte à la loi de Dieu et à mes devoirs.

Voici mes résolutions, ô Jésus; je les mets entre vos mains.

1. Quelque disgrâce qui m'arrive, je ne vous abandonnerai point, et je ne rougirai point de votre croix.

2. Je veillerai sur moi-même, afin de conserver soigneusement la chasteté.

3. Je m'acquitterai de mes devoirs envers mes parens.

4. Je regarderai la sainte Vierge comme ma mère, et j'aurai recours à son assistance dans les tentations.

XXVe MÉDITATION.

Quatrième parole de Jésus en croix; il se plaint à son Père d'en être abandonné.

1. Après que vous avez parlé à votre Mère pour la dernière fois, vous adressez la parole à votre Père, ô Jésus, ne voulant plus avoir de commerce avec les hommes, de qui vous ne recevez que des outrages et des humiliations. Aussi les ténèbres qui se répandent sur la terre vous dérobent-elles à leurs yeux. Vous vous élevez vers Dieu, et vous vous plaignez amoureusement et avec un humble

respect, de ce qu'il vous abandonne dans le comble de votre affliction : *Mon Dieu, mon Dieu, pourquoi m'avez-vous abandonné* (1)? Vous ne l'appelez plus votre Père, mais votre Dieu, parce que vous le regardez comme votre juge. En effet il vous traite en juge ; il vous regarde comme un criminel universel, chargé des péchés de tous les hommes, depuis que vous avez bien voulu vous offrir pour les expier. C'est en cette qualité qu'il vous abandonne extérieurement à la fureur de vos ennemis, et intérieurement à la douleur la plus vive qu'on puisse ressentir. Je vous adore, ô Jésus, abandonné à la plus amère et la plus vive douleur pour l'amour de moi; je vous rends grâces de ce que vous voulez bien souffrir cet abandon que j'avois mérité; je déteste mes péchés qui vous l'ont attiré. Faites que je profite des instructions que vous me donnez ici.

2. Cette plainte est moins une plainte, qu'une instruction pour moi. Vous voulez par là m'appliquer à la grandeur de vos souffrances, et aux mystères de la croix ; vous voulez me faire sentir quelle est l'énormité du péché, les châtimens qu'il mérite, la rigueur de la justice de Dieu sur le pécheur.

(1) Matth. xxvii. 6.

Que ne dois-je pas craindre en effet, moi qui suis pécheur, et si grand pécheur, lorsque je vous vois ainsi abandonné de votre Père, dans un temps où les Juifs et les Gentils, de concert, déchargent sur vous tout ce que leur rage et leur fureur peuvent inventer de plus cruel! Seigneur, ne m'abandonnez pas dans le temps de la tentation. Vous êtes seul ma force, mon soutien, mon refuge et ma ressource dans les combats que j'ai à livrer ou à soutenir contre les ennemis du salut. C'est en vous, ô Jésus, que je mets ma confiance.

3. Vous m'apprenez encore, ô divin maître, à ne point chercher de consolations auprès des hommes, dans les disgrâces de la vie, mais à m'adresser à Dieu dans toutes mes peines. Lui seul est le vrai consolateur des affligés. O que j'ai mal profité de votre instruction, aveugle et insensé que j'ai été! Dans mes peines, j'ai cherché des adoucissemens auprès des hommes, au lieu de recourir à vous, ô mon Dieu; et ce n'est qu'après avoir éprouvé leur impuissance ou leur indifférence, que j'ai imploré votre secours: n'ai-je pas mérité par là d'être abandonné de vous et d'eux? Vous voulez encore, ô Jésus, que, lorsqu'il plaît à mon Dieu d'appesantir son bras sur moi, je ne désire pas toujours des consolations

de sa part; mais que je me contente de lui demander la force nécessaire pour me soutenir, et la grâce de faire un bon usage des peines qu'il veut que je souffre. Je vous prie de demander pour moi, à votre Père, la grâce de tout souffrir dans un esprit d'union à vos souffrances, et de me sanctifier par la croix.

Voici, mon Dieu, mes résolutions; accordez-moi la grâce de les garder.

1. Dans mes afflictions, j'aurai recours à vous, pour vous demander la force de les supporter, et d'en faire un bon usage.

2. J'adorerai les ordres de la Providence sur moi, à l'exemple de Marie au pied de la croix.

XXVIe MÉDITATION.

Cinquième parole de Jésus en croix : J'AI SOIF.

1. Alors *Jésus voyant que tout étoit accompli, afin qu'une parole de l'Ecriture fût encore accomplie, il dit : J'ai soif* (1). Cette soif, ô Jésus, venoit sans doute de la violence et de la longueur de vos tourmens. Il falloit qu'elle fût bien ardente, puisque vous vous en plaigniez, vous qui avez tant souffert sans ouvrir la bouche.

(1) Joan. XIX. 28; Ps. LXVIII. 22.

Puis-je penser à cette soif ardente, et ne pas condamner mes intempérances, ma sensualité et ma délicatesse, qui en sont la cause? Me sied-il bien de me dispenser, sans grande raison, du jeûne et de l'abstinence commandés par l'Eglise; de boire entre mes repas les jours de jeûne? Que de dérèglemens sur cette matière ne voit-on pas dans le monde!

Vous proférez cette parole, *J'ai soif,* non pour recevoir quelque soulagement, mais pour accomplir tout ce qui avoit été prédit de vous par les Prophètes. Quelle exactitude! Elle condamne en moi et en tant de chrétiens qui font profession de vous appartenir, le mépris des fautes légères qu'ils accumulent sans remords, et leur négligence à remplir les plus petits devoirs; négligence qui conduit insensiblement au violement des plus essentiels. Inspirez-moi, ô Jésus, une sainte horreur des péchés les plus légers, et une exacte fidélité à remplir les plus petits devoirs. Ayant l'honneur d'être membre de votre corps, faites que j'observe, à votre exemple, la loi dans toute son étendue.

2. Vous proférez encore cette parole, *J'ai soif,* pour me rendre plus attentif à la grandeur de vos souffrances; et puis-je rester indifférent à ces souffrances, sachant surtout que c'est pour moi que vous les

endurez? Vous dites, *J'ai soif*, pour souffrir davantage; car enfin, quel soulagement vous accorde-t-on dans cette soif ardente? des soldats inhumains vous présentent du vinaigre. Ce sont là, ô Jésus, les adoucissemens que vous accordent les hommes pour qui vous donnez votre vie! Quoi! vous répandez votre sang pour eux, et en échange ils vous offrent un vase plein de vinaigre! Vous qui avez créé pour eux la mer, les fleuves et les fontaines; vous qui promettez une récompense éternelle à celui qui donne un verre d'eau froide à quelqu'un des vôtres, vous ne trouvez que du vinaigre pour vous soulager dans votre soif! Après cela, me convient-il, à moi misérable pécheur, de me plaindre de l'ingratitude de ceux à qui j'ai fait du bien, du peu de consolation que je reçois de mes amis? Je vois bien, ô Jésus, que vous avez voulu passer par toutes les épreuves, afin que je ne fusse pas surpris de celles qui m'arriveroient, et que je vous eusse toujours pour modèle : faites-moi la grâce de me conformer aux exemples que vous me donnez.

3. Vous dites, *J'ai soif.* Si j'entre bien dans les sentimens de votre cœur, je comprends que vous brûlez de la soif de mon salut et de celui de tous les pécheurs. Cette soif mystérieuse est un effet de votre amour:

je vous en remercie, mon aimable Sauveur. Mais pendant que vous êtes si altéré de mon salut, d'où vient que je le regarde avec tant d'indifférence? je n'y pense presque jamais, et quand j'y pense, c'est d'une manière si superficielle!

J'ai de temps en temps quelque désir de me sauver, je fais même quelque démarche : mais je perds d'abord courage : c'est que mon ame brûle d'une autre soif que la vôtre. J'ai une soif insatiable des biens de la terre, des plaisirs séducteurs, de la gloire fragile : voilà ce qui m'occupe tout entier, ce qui m'empêche de penser sérieusement à mon salut. O soif de mon Sauveur, qui expiez nos excès et nos intempérances! soif qui délivrez les pécheurs de la soif éternelle, guérissez-moi de la soif que mes passions excitent dans mon cœur; donnez-moi une soif ardente de la gloire de mon Dieu, de l'établissement de son règne dans l'Eglise, et de ma propre sanctification.

Voici mes résolutions, ô Jésus : votre grâce les a formées dans mon cœur; elle les y affermira.

1. Je veux éviter l'intempérance, les excès, la sensualité, et mortifier mes sens; et pour en venir à la pratique, je m'imposerai chaque jour quelque légère privation dans un de mes repas.

2. Je garderai exactement les jeûnes d'obligation.

3. Je veux être exact à éviter les fautes légères, et à remplir les plus petits devoirs.

XXVIIe MÉDITATION.

Sixième parole de Jésus en croix : TOUT EST CONSOMMÉ.

1. Oui, aimable Jésus, *tout est consommé* (1). L'envie et la malignité de vos ennemis est consommée. La fureur et la rage des bourreaux est consommée. Vos souffrances et vos humiliations sont consommées, les figures et les prophéties sont consommées. La mission que vous avez reçue de votre Père est consommée. L'œuvre de notre rédemption est consommée. Votre vie est consommée ; vie sainte, vie innocente, vie précieuse, vie si laborieuse, si pauvre, si souffrante !

Je vous adore, ô Jésus ! je me jette au pied de votre croix, convaincu de votre grandeur infinie, et de mon néant. Je vous rends grâces d'avoir voulu, pour l'amour de moi, souffrir des tourmens si cruels.

(1) Joan. XIX. 5.

veux vous aimer jusqu'au dernier soupir de ma vie. Je veux faire la guerre au péché, et exterminer ce meurtrier impitoyable de mon Dieu.

2. *Tout est consommé.* Cette parole a un sens bien étendu; elle renferme de grandes instructions. Elle m'apprend comment je dois vivre et comment je dois mourir. S'il est vrai que les membres doivent vivre de la vie du chef, ayant l'honneur de vous avoir pour chef, et d'être membre de votre corps, il faut qu'à ma mort je sois en état de dire comme vous, dans une proportion convenable : *Tout est consommé;* autrement c'en est fait de mon salut éternel; vous me retrancheriez comme un membre pourri; vous me rejetteriez comme un membre du démon.

Quelle consolation pour un chrétien de pouvoir dire à la fin de sa vie : *Tout est consommé!* J'ai été exposé à bien des dangers, j'ai eu beaucoup à souffrir, j'ai passé par de rudes épreuves; j'ai été en butte à la médisance, à l'envie, au mépris, aux railleries, aux persécutions des mondains; le démon, le monde et la chair m'ont livré de terribles assauts; j'ai été assiégé de mille tentations : mais, par la miséricorde de mon Dieu, j'ai triomphé de tout; j'ai toujours été fidèle à mon Dieu; j'ai gardé sa loi; j'ai toujours marché dans les sentiers de la justice; j'ai accompli tous les desseins de Dieu sur moi : *Tout est consommé.* Quoi de plus consolant pour un chrétien à la mort, lorsque sa conscience lui rend cet avantageux témoignage?

3. Mais, pour avoir cette consolation à la mort, il faut mener une sainte vie, une vie réglée. Ce n'est pas assez d'examiner sa vocation, de la connoître; il faut la suivre, y persévérer, en remplir tous les devoirs. Ce n'est pas assez d'éviter les vices grossiers, il faut éviter les péchés véniels. Ce n'est pas assez de garder quelques points de la loi, il faut les observer tous; ni de remplir quelques devoirs de son état, il faut les accomplir tous. Ce n'est pas assez de former de beaux projets de conversion, il faut se convertir sans délai. Ce n'est pas assez d'être fidèle à tous les exercices extérieurs de la religion, de la piété chrétienne, il faut avoir une piété intérieure, solide, sincère; il faut aimer Dieu de tout son cœur, préférer Dieu à tout, rapporter tout à Dieu, aimer son prochain comme soi-même, et réprimer ses passions; il faut se régler, non sur les maximes et les usages du monde, mais sur la loi de Dieu, sur l'Évangile; il faut, en un mot, accomplir en tout la volonté de Dieu. L'ai-je fait jusqu'ici? le fais-je en ce moment, le veux-je faire toujours?

...

Voici, ô mon Dieu, mes résolutions : daignez y répandre votre bénédiction.

1. Je vous demanderai tous les jours la grâce de faire une sainte mort; et pour l'obtenir,

2. Je m'efforcerai de faire en tout votre sainte volonté, surtout en accomplissant les devoirs de mon état.

XXVIIIe MÉDITATION.

Septième et dernière parole de Jésus en croix : il recommande son ame à son Père.

1. ÉTANT près de rendre le dernier soupir, ô Jésus, vous jetez un grand cri; votre Apôtre m'apprend que vous y joignez les larmes et les prières (1), et vous dites pour dernière parole : *Mon Père, je remets mon ame entre vos mains* (2). Ce grand cri, ô Jésus, fait voir que vous mourez en Dieu, quand vous le voulez, et parce que vous le voulez. Ce cri marque la vérité de votre nature humaine, l'excès de vos douleurs, et l'ingratitude des hommes. Vos larmes m'avertissent que je dois pleurer mes péchés; vos prières et vos supplications, que je dois prier dans mes peines et dans mes souffrances, pour obtenir la

(1) Hebr. v 7. — (2) Luc. XXIII. 46

grâce d'en faire un bon usage, afin qu'elles servent à ma sanctification; et lorsque vous recommandez votre ame à votre Père, vous m'apprenez que c'est de Dieu que je dois attendre mon salut et mon bonheur éternel. Faites, Seigneur, que je profite de vos avis et de vos instructions.

2. Cris de Jésus, amollissez la dureté de mon cœur, percez ce cœur d'une crainte salutaire, rompez les liens de mes mauvaises habitudes, qui me tiennent attaché au péché. Larmes de Jésus, que vous êtes précieuses! que vous êtes adorables! Lavez mon ame; purifiez-la de toutes les souillures qu'elle a contractées par le péché. Obtenez-moi le don des larmes; car en vain auriez-vous pleuré pour moi, si je ne pleurois jamais, si j'étois toujours insensible. Faites donc fondre la glace de mon cœur, et pénétrez-le d'une sainte componction. Prières et supplications de Jésus, inspirez-moi l'amour de la prière, l'ardeur et l'attention dans la prière.

3. O Jésus, je vous recommande mon ame pendant cette vie de misère, mais surtout à la mort; car peut-être alors ne serai-je pas en état de m'acquitter de ce devoir de religion. Je remets donc mon ame entre vos mains, afin que vous la sanctifiez, que vous la rendiez belle et agréable à vos yeux; afin que vous la conser-

viez dans la grâce et dans la justice. Hélas! que suis-je sans vous, ô Jésus, qu'un aveugle qui court au précipice? Je puis bien m'égarer, me blesser, me donner la mort, me perdre, me damner; mais sans vous, je ne saurois me redresser, me guérir, me ressusciter, me sauver. Vous êtes, ô Jésus, ma ressource et mon espérance.

Voici mes résolutions; faites-moi la grâce d'y être fidèle.

1. Je redoublerai d'attention dans la prière, et j'éleverai souvent mon cœur à Dieu.

2. Je veux gémir tous les jours de ma vie sur mes péchés.

3. Avant de me livrer au sommeil, je vous adresserai chaque jour cette prière avec attention et résignation : *Mon Dieu, je remets mon ame entre vos mains.*

XXIXe MÉDITATION.

Jésus mort sur la croix.

1. JÉSUS est mort! Jésus est mort! Jésus est mort! Pour qui est-il mort? pour moi et pour tous les hommes. Qui l'a fait mourir? mes péchés, la justice de son Père, son amour pour moi. Un Dieu mourir! un Dieu mourir sur une croix pour expier les péchés des hommes! O que le péché est

donc quelque chose d'affreux! que la justice de Dieu est rigoureuse! que l'amour de Jésus est grand et généreux! Mais si le Saint des saints, le bien-aimé du Père, l'objet de ses complaisances, meurt d'une mort cruelle et ignominieuse, parce qu'il a la ressemblance du péché, que ne dois-je pas craindre, moi qui suis pécheur en effet, et non en représentation comme lui! Car si le bois vert, (Jésus-Christ) l'arbre de vie, plein du suc de la grâce et de la vérité, est traité avec tant de rigueur; que dois-je attendre, moi qui suis le bois sec, une branche aride, stérile et séparée du tronc? Que je comprenne donc aujourd'hui quelle est la malignité du péché, et quel est le châtiment qu'il mérite.

2. Jésus est mort! Oui, Agneau sans tache, votre vie est éteinte. Votre bouche est fermée; vous ne parlez plus, pour expier tant de péchés que je commets par ma langue. Vos yeux aussi sont fermés, ils ne voient plus, pour expier tant de mauvais regards. Vos oreilles n'entendent plus pour expier ma complaisance criminelle à écouter les discours malins, ou injustes, ou flatteurs, ou profanes. Vos mains n'ont plus d'action, ni vos pieds de mouvement, pour expier tant d'attouchemens honteux, tant d'injustices, tant de mauvaises démarches La pâleur de la mort est répan-

due sur votre visage, pour expier le soin idolâtre qu'on a d'une beauté dangereuse. Enfin, vous ne faites plus aucun usage de vos sens, pour expier l'usage criminel que j'ai fait des miens. Je vous adore, ô Jésus, dans cet état de mort; je vous rends grâces de ce que vous avez voulu mourir pour moi; en reconnoissance, je vous fais un sacrifice de ma vie. Donnez-moi de mourir au monde, au péché, et à mes mauvaises inclinations.

3. Jésus est mort! Cependant, tout mort qu'il est, il ne cesse pas de nous instruire. Ne pleurez pas sur moi, nous dit-il, pleurez plutôt sur vous-mêmes, sur votre aveuglement, sur cette insensibilité que le péché a produite dans votre ame. Je saurai bien triompher de la mort; mais vous, triompherez-vous de ces habitudes invétérées qui vous empêchent de vous convertir, et qui vous retiennent toujours sous l'empire du démon? Pour moi, je saurai bien sortir du tombeau, et en sortir pour ne plus mourir; mais vous, vous contenterez-vous toujours de ces efforts inutiles, de ces frivoles projets de pénitence, de ces résolutions chimériques, de ces vaines promesses que vous violez un moment après les avoir faites? Que je profite, ô Jésus, de vos salutaires instructions. Que je pleure donc mes péchés qui sont la cause de votre mort; que je les pleure si bien, que je les

quitte entièrement, et que je n'y retombe plus désormais.

Voici mes résolutions, ô Jésus; je les mets entre vos mains.

1. Je veux connoître ma passion dominante, pour la combattre tous les jours, afin de mourir entièrement à moi-même.

2. Par là je sortirai de l'état du péché où je suis, et je prendrai de justes précautions pour n'y plus retomber.

XXXe MÉDITATION.

Jésus fait éclater sa puissance après sa mort.

1. Que les vues des hommes sont courtes, ô Jésus! qu'ils se trompent souvent dans leurs projets! Les Juifs s'imaginoient vous perdre, éteindre votre nom et votre réputation, en vous faisant mourir sur la croix, et c'est alors que vous faites éclater votre puissance. Le soleil s'éclipse pendant trois heures, le voile du temple se déchire du haut en bas, la terre tremble, les pierres se fendent, les sépulcres s'ouvrent, les morts ressuscitent; le centenier qui vous gardoit reconnoît et confesse hautement votre divinité; le peuple, qui avoit assisté à ce triste spectacle, s'en retourne en se frappant la poitrine.

Que de miracles! que de merveilles! que

d'instructions! Faites, Seigneur, que j'en profite mieux que les Juifs, qui, malgré tous ces prodiges, demeurent obstinés et endurcis, pendant qu'un Gentil, un homme de guerre se convertit, et que le simple peuple est pénétré de componction. Que de leçons pratiques au pied de votre croix!

2. Le soleil qui s'éclipse, m'avertit de profiter de la grâce pendant qu'elle est présente, de peur que Dieu, irrité par le mépris que j'en ferois, ne la retire. Le voile du temple qui se déchire, m'apprend que vous avez levé le voile que j'ai eu jusqu'à présent sur le cœur, pour me faire contempler avec foi le mystère de votre mort, pour me faire entrer dans le vrai sanctuaire, qui est vous-même, en marchant sur vos pas et en suivant vos exemples. La terre qui tremble, me reproche mon insensibilité. Les pierres qui se fendent, m'exhortent à briser et à rompre la dureté de mon cœur par une prompte et sincère pénitence, qui venge sur moi, ô Jésus, votre mort, causée par mes péchés. Les sépulcres qui s'ouvrent, me pressent de sortir du tombeau infect de mes mauvaises habitudes, et de m'éloigner de la compagnie de ceux qui sont dans la mort du péché. Les morts qui ressuscitent, font voir que votre mort est la source de la vie. Le centenier qui reconnoît votre di-

vinité, le peuple qui se frappe la poitrine, m'avertissent de n'être pas un spectateur curieux et insensible de votre mort, mais de m'appliquer à en retirer des fruits salutaires par la méditation. Faites-moi la grâce, ô Jésus, de profiter de toutes ces instructions.

3. Après votre mort, les soldats percent d'une lance votre sacré côté; ils ne vous rompent pas les jambes comme à ceux qui étoient crucifiés avec vous, parce que vous êtes l'Agneau pascal, dont les os ne doivent point être brisés. C'est ainsi que s'accomplit tout ce que les Prophètes avoient prédit. De votre côté ouvert il sortit du sang et de l'eau, et en même temps le Baptême et l'Eucharistie furent marqués par l'eau et le sang. C'est ainsi que pendant le sommeil de votre mort, l'Eglise a été comme tirée de votre côté ouvert, comme Eve fut formée d'une côte d'Adam, pendant qu'il dormoit.

Que de mystères cachés, ô Jésus, dans l'ouverture de votre côté! C'est de là que coulent en abondance, comme de la pierre mystérieuse du désert, les eaux de la grâce où puisent sans cesse toutes les ames fidèles. C'est la ville du refuge où les pécheurs vont se mettre à couvert du châtiment de leurs crimes. C'est la forteresse où je veux me cacher, pour être à l'abri des tentations et des poursuites des ennemis de mon salut. C'est la porte du temple de votre cœur, où je veux aller souvent adorer Dieu en esprit et en vérité comme dans le véritable sanctuaire. C'est l'école où je veux aller apprendre la science du salut. C'est l'arche véritable, où j'espère échapper à ce déluge d'iniquités qui inonde toute la terre. Ouvrez-moi, ô Jésus, l'entrée de votre cœur, afin que je participe aux saintes dispositions dont il est pénétré.

Voici mes résolutions, que je vous prie d'accepter et de rendre efficaces.

1. Dans toutes mes disgrâces, je jetterai les yeux sur votre croix, afin d'y trouver la force et de la consolation.

2. Dans les tentations, je me réfugierai dans votre sacré cœur.

XXXIe MÉDITATION.

Jésus mis dans le tombeau.

1. Il est juste, ô Jésus, qu'on rende à votre corps les honneurs qui lui sont dus, puisque, tout mort qu'il est, il demeure toujours le temple de la divinité. Joseph d'Arimathie, noble décurion, demande hardiment à Pilate ce riche trésor; il l'obtient, et l'enlève à la fureur de vos ennemis. Aidé par Nicodème et par un autre de

vos disciples secrets, il le met dans un sépulcre neuf, taillé dans le roc, où personne n'avoit encore été mis, après l'avoir enveloppé d'un suaire précieux.

O prodige surprenant! ces deux disciples, timides dans le temps de vos miracles, ne craignent plus dans celui de vos ignominies. En prenant part à vos humiliations, ils n'appréhendent point de se déshonorer, de s'attirer la haine publique, ni d'exposer leur fortune et leur vie. De quoi n'est pas capable un chrétien qui n'espère qu'en Dieu, qui fait consister tout son bonheur dans la possession de Dieu! Inspirez-moi, ô Jésus, cette foi, cette charité, cette générosité. Que je ne rougisse jamais de votre Evangile, ni de vos humiliations. Que je fasse consister toute ma gloire dans le bonheur que j'ai de vous appartenir.

2. Les Juifs, qui vous persécutèrent jusque dans le tombeau, firent mettre des gardes à votre sépulcre, et scellèrent la pierre qui en fermoit l'entrée, par l'autorité de Pilate : mais tous les efforts de leur envie ne servirent qu'à rendre plus certaine et plus éclatante la gloire de votre résurrection ; ce qui fait voir que tous les artifices des hommes ne peuvent rien contre Dieu, et qu'ils contribuent, contre leur intention, à l'exécution de ses des-

seins. Prêtres impies, Pharisiens hypocrites, ouvrez les yeux, et reconnoissez enfin que, si la mort de Jésus est un meurtre et un déicide de votre part, elle est, du côté de cet innocent Agneau, un sacrifice volontaire et infiniment agréable à Dieu.

Pendant que ces profanateurs sacriléges vous traitent de séducteur, agréez que je vous rende mes hommages avec ces généreux disciples et ces saintes femmes qui accompagnent la pompe funèbre de votre sépulture. Dans le Baptême, ô Jésus, je suis mort au péché, et j'ai été enseveli avec vous, selon l'expression de votre Apôtre (1), afin de ressusciter avec vous pour mener une vie nouvelle. Faites-moi mourir véritablement au péché, à toutes les inclinations du péché. Que je sois comme un homme crucifié, mort et enseveli, pour tout ce qu'il y a dans le monde de riche, d'agréable, d'éclatant.

3. Si Joseph d'Arimathie, en recevant votre corps sans vie, ô Jésus, reçoit un don inestimable, quel est donc celui que je reçois, quand je communie, puisque alors je reçois votre corps animé, glorieux, plein de force et de puissance? Quelle ne doit donc pas être ma préparation, quand j'approche de la table sainte! Joseph eut

(1) Rom. vi. 4.

JÉSUS MIS AU TOMBEAU.

soin d'envelopper votre corps d'un suaire précieux et de le mettre dans un sépulcre neuf : oserai-je le placer dans un cœur souillé par le crime? Quelle ne doit pas être mon application à purifier ce cœur par la pénitence, à le parfumer du baume de la charité, à l'embellir de l'ornement des vertus chrétiennes et des œuvres saintes, surtout des œuvres de miséricorde!

Ne permettez pas, ô Jésus, que j'approche jamais de l'autel, pour participer à votre saint corps, avec une conscience criminelle; ce seroit changer le remède en poison, et trouver la mort dans la source de la vie.

Voici mes résolutions, ô Jésus; je vous les consacre, afin que vous les graviez profondément dans mon cœur.

1. Je ne craindrai pas de me déclarer pour vous, quand il s'agira de vos intérêts, et je ne rougirai pas de paroître chrétien.

2. Je veux vivre comme un homme mort et enseveli par rapport au monde, selon que le marque votre Apôtre par ces paroles : *Votre vie est cachée en Dieu avec Jésus-Christ* (1).

3. Je n'approcherai point des saints mystères sans avoir quitté le péché et l'affection au péché.

(1) Coloss. III. 3.

LITANIES DE LA PASSION,

TIRÉES DES SUJETS DE CHAQUE MÉDITATION.

Seigneur, ayez pitié de nous.
Jésus, ayez pitié de nous.
Seigneur, ayez pitié de nous.
Jésus, écoutez-nous.
Père céleste, qui êtes Dieu,
Fils Rédempteur du monde, qui êtes Dieu,
Esprit saint, qui êtes Dieu,
Sainte Trinité, qui êtes un seul Dieu,
Jésus, qui avez institué le très-saint sacrement de l'autel, en mémoire de votre Passion,
Jésus sortant du cénacle pour aller à la mort,
Jésus priant dans le jardin des Oliviers,
Jésus accablé de tristesse, consolé par un Ange, répandant une sueur de sang, et réduit à l'agonie,
Jésus vendu et trahi par Judas,
Jésus pris et lié par les soldats,
Jésus abandonné de vos disciples,
Jésus traîné devant les tribunaux de Jérusalem, comme un criminel,
Jésus accusé par les faux témoins,

Ayez pitié de nous.

LITANIES DE LA PASSION.

Jésus outragé, moqué, frappé et insulté pendant la nuit,
Jésus renié par saint Pierre,
Jésus conduit et accusé par les Juifs devant Pilate,
Jésus méprisé par Hérode,
Jésus à qui le peuple a préféré Barabbas, et dont il a demandé la mort,
Jésus flagellé,
Jésus revêtu de pourpre, couronné d'épines, portant un roseau à la main, et traité en roi de théâtre,
Jésus présenté au peuple, qui demande votre mort,
Jésus condamné à mort par Pilate,
Jésus qui allez au calvaire en portant votre croix,
Jésus attaché à la croix,
Jésus élevé sur la croix,
Jésus qui avez prié pour vos ennemis,
Jésus qui avez promis le paradis au bon larron,
Jésus qui avez recommandé votre mère à saint Jean,
Jésus qui avez dit à votre Père : *Mon Dieu, mon Dieu, pourquoi m'avez-vous abandonné ?*
Jésus abreuvé de vinaigre dans votre soif,
Jésus qui avez dit : *Tout est consommé*,
Jésus qui avez recommandé votre ame à votre Père,

Ayez pitié de nous.

Jésus mort sur la croix, ayez pitié de nous.
Jésus qui avez fait éclater votre puissance après votre mort par une infinité de prodiges, ayez pitié de nous.
Jésus mis dans le tombeau, ayez pitié de nous.

℣. Le Seigneur Jésus-Christ s'est humilié lui-même.

℟. Il s'est rendu obéissant jusqu'à la mort, et à la mort de la croix.

ORAISON.

Seigneur Jésus-Christ, Fils du Dieu vivant, qui avez été attaché à la croix pour la rédemption du monde, et qui avez répandu votre sang précieux pour la rémission de nos péchés; nous vous supplions très-humblement de nous faire la grâce qu'après notre mort nous entrions dans la joie du paradis, avec vous qui vivez et régnez dans tous les siècles des siècles. Ainsi soit-il.

ELÉVATIONS

SUR LES PRINCIPALES CIRCONSTANCES

DE LA PASSION

DE NOTRE SEIGNEUR JÉSUS-CHRIST,

AVEC UNE PRIÈRE

A LA SAINTE VIERGE MÈRE DE DOULEUR,

POUR CHAQUE VENDREDI DU CARÊME.

LE VENDREDI APRÈS LES CENDRES.

Le matin, Jésus prie dans le jardin des Oliviers: *pag.* 88.

A LA SAINTE VIERGE.

O TRÈS-SAINTE Mère de Dieu, qui, renfermée dans votre demeure, sentiez, pendant la cruelle nuit qui précéda la mort du Sauveur, tous les tourmens qu'on préparoit à votre Fils bien-aimé, faites-moi part des sentimens de votre cœur très-pur, afin que je déteste mes péchés, qui sont la cause de ses douleurs.

Le soir. Jésus, réduit à une agonie mortelle, est consolé par un Ange : *pag.* 91.

A LA SAINTE VIERGE.

O Marie, très-fidèle servante de Dieu, qui, dans ce temps de tristesse, vous offriez au Père éternel pour souffrir avec votre Fils, et qui étiez si parfaitement soumise à ses volontés, malgré toute la tendresse de votre cœur maternel ; obtenez-moi d'imprimer votre exemple si profondément dans mon ame, que j'en fasse constamment la règle de ma conduite, et que je ne veuille jamais autre chose que l'entier accomplissement de la sainte volonté de Dieu sur moi.

LE VENDREDI DE LA PREMIÈRE SEMAINE.

Le matin. Jésus traîné devant les tribunaux de Jérusalem comme un criminel : *pag.* 104.

A LA SAINTE VIERGE.

O très-pure Mère de Dieu, quelle fut la vivacité de votre douleur, lorsque vous apprîtes que Jésus votre cher fils étoit traîné devant les tribunaux comme un criminel, et que ses ennemis, étouffant le cri de leur conscience, alloient déclarer coupable le plus innocent de tous les hommes ! Bien différente de ces malheureux, vous avez constamment aimé la justice : aussi le divin Sauveur a-t-il toujours régné dans votre ame, et n'a trouvé ici-bas de parfait repos qu'en vous seule. Vous êtes la mère des pécheurs ; assistez celui qui se présente devant vous, et qui se confesse humblement d'avoir été souvent injuste envers son Dieu. Ouvrez-moi votre cœur charitable, et obtenez-moi de votre divin Fils la grâce de comprendre si bien les vérités qu'il m'enseigne par sa conduite en paroissant devant les tribunaux, que j'imite son silence, sa patience et sa douceur tout le reste de ma carrière.

Le soir. Jésus outragé, frappé et insulté pendant la nuit : *pag.* 111.

A LA SAINTE VIERGE.

O Reine des Anges, ô humble servante du Seigneur, qui connoissez par votre expérience le bonheur qu'il y a d'être humilié pour son amour, il vous a choisie pour sa mère lorsqu'il a voulu être un ver de terre et l'opprobre des hommes, parce que vous étiez la plus humble de toutes les créatures. Les grandes faveurs dont vous avez été comblée n'ont point enflé votre cœur, et n'ont rien diminué en vous des bas sentimens que vous aviez de vous-même : vous n'avez pas reçu tous ces trésors de grâce pour vous seule; souvenez-vous de ce misérable pécheur, ô mère de miséricorde! aidez-moi à sortir de l'abîme où mes péchés m'ont plongé. Obtenez-moi la lumière dont j'ai besoin pour connoître Jésus-Christ, la grâce d'aimer ses humiliations, et la force de souffrir celles qui m'arrivent.

LE VENDREDI DE LA IIe SEMAINE.

Le matin. Jésus flagellé : *pag.* 130.

A LA SAINTE VIERGE.

O très-pure Mère du Sauveur, qui l'avez conçu dans vos chastes entrailles, afin que son corps fût déchiré pour moi; qui avez donné pour le former et pour le nourrir le plus pur sang de votre cœur, afin que ce sang fût répandu pour ma justification et pour mon salut, et qui avez plus participé à sa vertu infinie que toutes les autres créatures; ayez compassion du pécheur qui vous invoque : obtenez-moi la grâce de sentir vivement les douleurs de votre Fils unique dans sa sanglante flagellation, de suivre ses exemples, de haïr mes péchés qui l'ont réduit en l'état où je le vois, et de consacrer le reste de ma vie à son service, afin que tant de souffrances endurées pour moi ne me soient pas inutiles.

Le soir. Jésus revêtu de pourpre et couronné d'épines : *pag.* 134.

A LA SAINTE VIERGE.

O Marie, parfaite imitatrice de Jésus, si vous êtes accablée de douleur, lorsque votre Fils est couronné d'épines, que deviendrai-je, moi qui ne suis qu'orgueil et délicatesse? Assistez-moi, ô refuge des pécheurs. Obtenez-moi les lumières dont j'ai besoin pour connoître l'amour infini de Jésus, et pour suivre ses exemples. Obtenez-moi la volonté et la force de souffrir toutes les peines dont il lui plaira de m'affliger ; car je sais que je ne puis être à lui sans croix et sans épines, et que vous ne me reconnoîtrez pour un de vos serviteurs, qu'autant que je porterai les livrées de votre Fils unique.

LE VENDREDI DE LA IIIe SEMAINE.

Le matin. Jésus présenté au peuple : Voila l'homme : *pag.* 138.

A LA SAINTE VIERGE.

Je viens à vous, ô Mère de miséricorde, afin que vous me présentiez à votre Fils, qu'il me reçoive par vos mains au nombre de ses serviteurs, et qu'il ne permette pas que j'abandonne jamais son service. O très-sainte Mère de Dieu, quand vous vîtes votre Fils unique en un état si digne de compassion, vos entrailles furent pénétrées d'une vive douleur. Je vous conjure par cette douleur, par toutes les souffrances de votre Fils bien-aimé, de m'obtenir que je n'en perde jamais le souvenir, que je devienne un homme nouveau, et que je réponde désormais par une sainte vie aux bontés ineffables de mon Sauveur.

Le soir. Jésus condamné à mort par Pilate : *p.* 142.

A LA SAINTE VIERGE.

O TRÈS-SAINTE Mère de Dieu, un juge inique et prévaricateur, un misérable esclave du respect humain, condamne votre divin Fils à la mort, dans la crainte de déplaire à une populace mutinée, qui demande à grands cris le sang du Juste. Hélas! mille fois moi-même j'ai trahi la cause de la religion, j'ai agi contre ma conscience, de peur d'être l'objet des railleries d'un monde vain et insensé. Obtenez-moi de votre Fils et mon Sauveur, qui n'a pas rougi de paroître criminel pour moi, la grâce de ne rougir jamais de lui ni de sa loi sainte ; mais de le confesser courageusement devant les hommes jusqu'à mon dernier soupir.

LE VENDREDI DE LA IVe SEMAINE.

Le matin. Jésus va au Calvaire, en portant sa croix : *pag.* 146.

A LA SAINTE VIERGE.

O SAINTE Mère de Dieu, qui avez eu tant de part à la croix et à l'amour de votre Fils; vous dont l'ame fut si profondément affligée, lorsque, marchant sur les pas de Jésus dans le chemin du Calvaire, vous le vîtes chargé du pesant fardeau qui devoit être l'instrument de son supplice, et l'autel sur lequel il devoit se sacrifier pour le salut du monde; obtenez-moi la grâce de l'aimer, et de souffrir patiemment toute ma vie les croix qu'il lui plaira de m'envoyer.

Le soir. Jésus attaché à la croix : *pag.* 150.

A LA SAINTE VIERGE.

O TRÈS-PURE Mère de Dieu, qui, loin d'imiter la conduite des disciples de Jésus assez foibles pour l'abandonner pendant sa Passion, le suivîtes courageusement jusqu'au Calvaire; par les douleurs que sentit votre très-saint cœur, lorsque vous entendîtes les coups de marteau, et que vous vîtes percer les pieds et les mains de votre Fils unique, obtenez-moi d'être toute ma vie le fidèle compagnon de sa croix, et de détester si sincèrement mes péchés au pied de cet arbre salutaire, que je puisse fléchir en ma faveur la juste colère de mon juge.

LE VENDREDI DE LA PASSION.

Le matin. Jésus élevé sur la croix : *pag.* 153.

A LA SAINTE VIERGE.

O TRÈS-SAINTE Mère de mon Sauveur, compagne inséparable de sa croix; vous voyez avec combien de travaux il m'a cherché; faites par vos intercessions qu'il n'ait pas travaillé en vain. O Marie, refuge et avocate des pécheurs, qui avez mieux compris que personne combien leur perte a coûté de larmes à votre Fils, parce que vous l'avez aimé plus que n'a jamais fait aucune créature; vous voyez que son amour pour les hommes n'est pas diminué, qu'il est et qu'il sera toujours le même. Ne refusez pas votre protection à ce pécheur qui vous invoque; obtenez-moi une entière conversion, et la grâce d'y persévérer jusqu'au dernier soupir de ma vie.

Le soir. Jésus recommande sa sainte Mère à saint Jean : *pag*. 164.

A LA SAINTE VIERGE.

O TRÈS-SAINTE Mère de Dieu, souvenez-vous que, si vous avez mis au monde sans douleur votre Fils unique dans l'étable de Bethléem, vous n'avez enfanté les pécheurs au pied de la croix qu'avec des peines incroyables. Aidez-moi, protégez-moi, puisque je vous ai tant coûté. Ayez toujours à mon égard des entrailles de mère, et ne laissez pas périr votre indigne fils.

LE VENDREDI-SAINT.

Le matin. Jésus remet son ame à son Père : *pag*. 178.

A LA SAINTE VIERGE.

O MARIE, reine des Martyrs, consolatrice des affligés, secours des chrétiens; je vous en conjure par la douleur que vous ressentîtes en voyant votre divin Fils baisser la tête, et expirer sur la croix au milieu des tourmens, obtenez-moi la grâce d'une bonne mort. Et si, en ce moment extrême, la parole me manque pour invoquer votre saint nom et celui de Jésus, en qui est toute mon espérance, secourez-moi dans ce dernier passage. Je vous implore dès à présent : Jésus, Marie, *je remets mon ame entre vos mains.*

Le soir. Jésus meurt sur la croix ; *pag.* 180.

A LA SAINTE VIERGE.

O très-sainte Mère de Dieu, reine des Anges, et refuge des pécheurs, qui avez senti une extrême désolation en voyant mourir celui à qui vous aviez donné la vie, et qui attendiez avec une ferme foi et une espérance certaine le moment de sa résurrection ; obtenez-moi du Père céleste qui l'a livré pour moi, d'être reçu au nombre des siens, afin que, vivant crucifié avec lui, je meure comme lui sur la croix, pour régner éternellement avec lui dans sa gloire.

PRIÈRES

POUR

L'EXERCICE DE DÉVOTION.

PSAUME 50.

Ayez pitié de moi, mon Dieu, selon l'étendue de votre miséricorde.

Et effacez mon iniquité, selon la grandeur et la multitude de vos bontés.

Lavez-moi de mon iniquité de plus en plus, et purifiez-moi de mon péché.

Car je reconnois mon iniquité; et ma faute est toujours présente à mes yeux.

C'est contre vous seul que j'ai péché; j'ai commis le mal en votre présence; pardonnez-moi, afin que vous soyez reconnu fidèle dans vos promesses, et irréprochable en vos jugemens.

Miserere meî, Deus, * secundùm magnam misericordiam tuam.

Et secundùm multitudinem miserationum tuarum, * dele iniquitatem meam.

Ampliùs lava me ab iniquitate mea, * et à peccato meo munda me.

Quoniam iniquitatem meam ego cognosco, * et peccatum meum contra me est semper.

Tibi soli peccavi, et malum coram te feci; * ut justificeris in sermonibus tuis, et vincas cùm judicaris.

Ecce enim in iniquitatibus conceptus sum, * et in peccatis concepit me mater mea.

Ecce enim veritatem dilexisti; * incerta et occulta sapientiæ tuæ manifestasti mihi.

Asperges me hyssopo, et mundabor; * lavabis me, et super nivem dealbabor.

Audituí meo dabis gaudium et lætitiam ; * et exultabunt ossa humiliata.

Averte faciem tuam à peccatis meis, * et omnes iniquitates meas dele.

Cor mundum crea in me, Deus; * et spiritum rectum innova in visceribus meis.

Ne projicias me à facie tua, * et Spiritum sanctum tuum ne auferas à me.

Redde mihi lætitiam salutaris tui, * et Spiritu principali confirma me.

Docebo iniquos vias

Vous savez que j'ai été engendré dans l'iniquité, et que ma mère ma conçu dans le péché.

Vous voulez que l'on soit à vous du fond du cœur, et vous m'avez instruit des mystères de votre sagesse.

Purifiez-moi donc avec l'hysope, et alors je serai pur; lavez-moi, et je deviendrai plus blanc que la neige.

Faites-moi entendre une parole de consolation et de joie; et mes os, que vous avez brisés, tressailliront d'allégresse.

Détournez vos yeux pour ne plus voir mes offenses, et effacez tous mes péchés.

Créez en moi un cœur pur, ô mon Dieu! et renouvelez au fond de mes entrailles l'esprit de droiture et de justice.

Ne me rejetez pas de votre présence, et ne retirez pas de moi votre Esprit saint.

Rendez-moi la joie de votre assistance salutaire, et fortifiez-moi par votre Esprit souverain.

J'apprendrai vos voies

aux pécheurs, et les impies se convertiront à vous.

O Dieu, ô Dieu mon Sauveur, délivrez-moi des peines que méritent mes actions sanguinaires ; et ma langue publiera avec joie votre justice.

Seigneur, vous ouvrirez mes lèvres, et ma bouche annoncera vos louanges.

Si vous aimiez les sacrifices, je vous en offrirois ; mais les holocaustes ne sont pas ce que vous demandez.

Le sacrifice que Dieu demande est un esprit pénétré de douleur ; vous ne mépriserez pas, ô mon Dieu, un cœur contrit et humilié.

Par un effet de votre bonté, Seigneur, répandez vos bénédictions sur Sion, et bâtissez les murs de Jérusalem.

Vous agréerez alors les sacrifices de justice ; les offrandes et les holocaustes ; alors on vous offrira des victimes d'actions de grâces sur votre autel.

℣. Dieu est plein de compassion et de bonté ;

tuas, * et impii ad te convertentur.

Libera me de sanguinibus, Deus, Deus salutis meæ ; * et exultabit lingua mea justitiam tuam.

Domine, labia mea aperies ; * et os meum annuntiabit laudem tuam.

Quoniam si voluisses sacrificium, dedissem utique, * holocaustis non delectaberis.

Sacrificium Deo spiritus contribulatus ; * cor contritum et humiliatum, Deus, non despicies.

Benignè fac, Domine, in bona voluntate tua Sion, * ut ædificentur muri Jerusalem.

Tunc acceptabis sacrificium justitiæ, oblationes et holocausta : * tunc imponent super altare tuum vitulos.

℣. Deus, miserator et misericors,

℟. Patiens, et multæ misericordiæ.

℟. Il est patient, et sa miséricorde est infinie.

Oremus.

Prions.

OMnipotens et mitissime Deus, qui sitienti populo fontem viventis aquæ de petra produxisti; educ de cordis nostri duritiâ lacrymas compunctionis, ut peccata nostra plangere valeamus, remissionemque eorum, te miserante, mereamur accipere; Per Christum.

DIeu tout-puissant et plein de bonté, qui avez fait sortir du rocher une source d'eau vive pour étancher la soif de votre peuple; tirez de notre cœur endurci des larmes de componction, afin que, pleurant amèrement nos péchés, nous méritions d'en recevoir la rémission; Par N. S. Jésus-Christ.

HYMNE EN L'HONNEUR DE LA CROIX.

VExilla Regis prodeunt;
Fulget Crucis mysterium,
Quo carne carnis Conditor
Suspensus est patibulo.

Quo vulneratus insuper
Mucrone diro lanceæ,
Ut nos lavaret crimine,
Manavit undà et sanguine.

Impleta sunt quæ concinit
David fideli carmine,

JE vois paroître l'étendard du Roi de l'univers; le mystère de la Croix frappe les yeux de toutes parts; le Créateur du monde, revêtu de la même chair qu'il avoit formée, est immolé pour nous sur un bois infâme.

Son côté, ouvert par le fer meurtrier d'une lance, répand le sang adorable qui apaise la justice de son Père, et l'eau qui doit laver nos iniquités.

Ainsi s'accomplit ce que David, ce prophète fidèle, avoit annoncé, lorsqu'il a dit : C'est par le bois que Dieu a régné sur les nations.

Que votre sort est honorable, arbre salutaire et précieux ! vous êtes couronné du sang du Roi des rois, vous êtes choisi pour toucher les membres du Saint des saints.

Vous êtes heureux de porter sur vos branches sacrées le prix de la rédemption du monde; vous êtes la balance où sa rançon est pesée, et vous devenez, dans la main du Tout-Puissant, un instrument formidable pour dépouiller les enfers.

Nous vous révérons, ô divine Croix ! notre unique espérance ; et nous supplions Jésus-Christ, en ce temps consacré à sa Passion, d'augmenter sa grâce dans les justes, et de pardonner aux pécheurs.

Que tout esprit vous loue et vous adore, Trinité souveraine ; protégez, dans le cours de tous les siècles, ceux que vous daignez sauver par le mystère de la Croix.

Ainsi soit-il.

℣. Dieu est notre roi

Dicens : In nationibus Regnavit à ligno Deus.

Arbor decora et fulgida,
Ornata Regis purpurâ,
Electo digno stipite
Tam sancta membra tangere.

Beata cujus brachiis,
Secli pependit pretium,
Statera facta corporis,
Prædamque tulit tartari.

O Crux ! ave, spes unica,
Hoc Passionis tempore,
Auge piis justitiam,
Reisque dona veniam.

Te, summa Deus Trinitas,
Collaudet omnis spiritus :
Quos per Crucis mysterium
Salvas, rege per secula. Amen.

℣. Deus rex noster

ante secula; ℟. Operatus est salutem in medio terræ.

Oremus.

DA nobis, misericors Deus, non nisi in Cruce Domini nostri Jesu Christi gloriari; ut, cujus morte redempti sumus, ejusdem virtute carnem nostram cum vitiis et concupiscentiis crucifigentes, et mundo mori, et tibi soli vivere mereamur; Per eumdem Christum.

avant tous les siècles : ℟. Il a opéré l'ouvrage de notre salut au milieu de la terre.

Prions.

ACCORDEZ-NOUS, ô Dieu miséricordieux, de ne mettre notre gloire que dans la Croix de notre Seigneur Jésus-Christ, afin qu'en crucifiant notre chair avec ses désirs déréglés, par la vertu de celui dont la mort nous a rachetés, nous méritions de mourir au monde, et de ne vivre que pour vous, Par le même J. C. N. S.

COMPLAINTE

EN L'HONNEUR DE LA SAINTE VIERGE AU PIED DE LA CROIX.

STABAT Mater dolorosa,
Juxta Crucem lacrymosa,
Dum pendebat Filius.
 Cujus animam gementem,
Contristatam et dolentem,
Pertransivit gladius.
 O quàm tristis et afflicta
Fuit illa benedicta
Mater Unigeniti!

DEBOUT au pied de la Croix, la Mère de douleur fondoit en larmes à l'aspect de son Fils crucifié.
 C'est là que son ame, plongée dans l'abattement, la tristesse et le deuil, est percée du glaive qui lui a été prédit.
 Quelles furent grandes l'amertume et l'affliction de cette Mère bénie d'un Fils unique!

POUR L'EXERCICE DE DÉVOTION.

Cette tendre Mère gémissoit et soupiroit à la vue de son Fils, le Roi de gloire, abandonné à d'infâmes supplices.

Qui pourroit retenir ses larmes, en considérant la Mère de Jésus dans cet excès de tourment?

Qui pourroit, sans attendrissement, contempler le spectacle d'une Mère partageant les souffrances de son Fils?

Elle a vu son Fils en proie aux supplices, et livré à la flagellation pour les péchés de son peuple.

Elle a vu son Fils bien-aimé mourant, délaissé en rendant l'esprit.

O Mère pleine d'amour, faites que je ressente la violence de votre douleur, que je mêle mes larmes aux vôtres.

Que mon cœur soit tout de feu pour aimer Jésus et mériter ses complaisances.

Chaste Mère, veuillez graver profondément dans mon cœur l'em-

Quæ mœrebat et dolebat,
Pia Mater, dum videbat
Nati pœnas inclyti.

Quis est homo qui non fleret,
Christi Matrem si videret
In tanto supplicio?

Quis posset non contristari,
Piam Matrem contemplari,
Dolentem cum Filio?

Pro peccatis suæ gentis
Vidit Jesum in tormentis,
Et flagellis subditum.

Vidit suum dulcem Natum
Morientem, desolatum,
Dum emisit spiritum.

Eia Mater, fons amoris,
Me sentire vim doloris;
Fac ut tecum lugeam.

Fac ut ardeat cor meum
In amando Christum Deum,
Ut illi complaceam.

Sancta Mater, istud agas,
Crucifixi fige plagas

Cordi meo validè.

Tui Nati vulnerati,
Tam dignati pro me pati,
Pœnas mecum divide.

Fac me piè tecum flere,
Crucifixo condolere,
Donec ego vixero.

Juxta Crucem tecum stare,
Et me tibi sociare
In planctu desidero.

Virgo virginum præclara,
Mihi jam non sis amara;
Fac me tecum plangere.

Fac ut portem Christi mortem,
Passionis fac consortem
Et plagas recolere.

Fac me plagis vulnerari,
Cruce hâc inebriari,
Ob amorem Filii.

Ne flammis urar succensus,
Per te, Virgo, sim defensus
In die judicii.

preinte des plaies de Jésus crucifié.

Donnez-moi part avec vous aux souffrances de votre Fils, blessé pour moi, et qui s'est assujéti à tous les tourmens.

Que tant que je vivrai je pleure amoureusement avec vous, que je compâtisse aux douleurs de votre Fils crucifié.

Désormais je veux demeurer avec vous au pied de la Croix, et m'associer à votre tristesse.

O Vierge, l'honneur des vierges, ne soyez plus insensible à mes vœux; obtenez-moi de pleurer avec vous.

Qu'il me soit donné de porter la Croix de Jésus; qu'il me soit donné de participer à sa passion et de n'oublier jamais ses plaies.

Faites que je sois blessé de ses blessures, que je sois enivré de cette Croix, pour l'amour de celui qui s'y est immolé.

Pour que je ne sois pas la proie des flammes éternelles, Vierge puissante, défendez-moi au jour du jugement.

Que la Croix de Jésus soit ma défense; que sa mort soit ma sûreté, sa grâce, mon soutien.

Quand mon corps mourra, obtenez à mon ame la gloire du paradis.

Ainsi soit-il.

℣. O vous tous qui êtes témoins de ce spectacle,
℟. Considérez et voyez s'il y a douleur semblable à la mienne.

Prions.

Nous réclamons, Seigneur Jésus, auprès de votre clémence, maintenant et à l'heure de notre mort, l'intercession de la bienheureuse Vierge votre Mère, dont le cœur fut percé d'un glaive de douleur au moment de votre Passion; Vous qui, étant Dieu, etc.

Fac me Cruce custodiri,
Morte Christi præmuniri,
Confoveri gratiâ.

Quando corpus morietur,
Fac ut animæ donetur
Paradisi gloria.
Amen.

℣. O vos omnes qui transitis per viam,
℟. Attendite et videte si est dolor sicut dolor meus.

Oremus.

Interveniat pro nobis quæsumus, Domine Jesu, apud tuam clementiam, nunc et in hora mortis nostræ, beata Virgo Mater tua, cujus animam, in hora Passionis tuæ, doloris gladius pertransivit; Qui vivis et regnas, Deus.

On récite cinq *Pater noster* et cinq *Ave Maria*, avec *Gloria Patri*, selon les intentions de notre saint Père le Pape.

PRÉCIS

DES MÉDITATIONS SUR LA PASSION,

qui contient une méthode pour bien vivre et une préparation pour bien mourir, sur le modèle de Jésus crucifié.

I. Comme mon Sauveur fut attaché tout nu sur la croix, et qu'il abandonna ses vêtemens aux soldats qui les partagèrent entre eux, ainsi je dois me dépouiller de toute affection déréglée pour les choses de cette vie; et à l'égard de l'usage des biens présens, il faut qu'il soit modéré, de sorte que je me contente du nécessaire, et que je retranche tout ce qui est superflu, ou qui ne sert qu'à la vanité et aux délices. Pour ce qui est de la propriété de ces mêmes biens, j'y dois renoncer, ou en partie, en me dépouillant de quelque chose pour subvenir aux nécessités du prochain, ou tout-à-fait, si je le puis, en ne me réservant rien qui m'empêche de suivre partout mon Jésus, afin que je me dispose à mourir nu comme lui, quittant de bon cœur le soin des biens temporels, dans le dessein de mettre toute mon affection aux biens éternels.

II. Comme le Sauveur fut attaché à la croix avec des clous, sans pouvoir se remuer d'un côté ni d'autre, et qu'il perdit tout son sang par les grandes plaies de ses mains et de ses pieds : aussi ne suffit-il pas pour mon salut que je quitte les biens extérieurs. Il faut de plus, comme dit l'Apôtre, que *je crucifie ma chair avec ses vices et ses convoitises* (1), de sorte qu'elle n'ait ni pieds ni mains libres pour descendre de la croix, et qu'elle soit, au contraire, entièrement sujette à l'esprit, demeurant toujours attachée comme avec des clous, qui sont la crainte de Dieu, la charité, l'obéissance et la patience.

Dans cet état, elle persévérera jusqu'à ce qu'elle ait trouvé le moyen de se défaire de ses péchés et de ses imperfections, comme d'un sang corrompu. Car de même qu'on languit long-temps avant que de mourir sur une croix, aussi ne mortifie-t-on pas tout d'un coup, mais peu à peu, ses passions rebelles; et l'on a besoin d'une longue patience pour ne point quitter l'exercice de la mortification, qu'on ne soit entièrement mort à soi-même.

De plus, comme celui qui est condamné

(1) Galat. v. 24.

à la croix ne s'y attache pas lui-même, ainsi est-il nécessaire que d'autres crucifient notre chair. L'esprit l'afflige par des pénitences rigoureuses, et ne lui accorde rien de ce qu'elle veut. Dieu, de son côté, prend plaisir à mortifier la chair et l'esprit par des peines très-amères. Le démon et le monde conspirent en même temps pour les tourmenter l'un et l'autre, et il faut soutenir cette guerre jusqu'à ce qu'on meure avec Jésus sur la croix.

III. Comme Jésus eut un soin très-particulier de sastisfaire aux devoirs de la charité envers trois personnes, sa Mère, son disciple et le bon larron ; ainsi nous devons soigneusement accomplir ce qui est de la justice et de la miséricorde, sans rien omettre de ce que notre état ou notre office demande de nous, principalement à l'égard de trois sortes de personnes, savoir, nos supérieurs, désignés par la Mère de Jésus ; nos inférieurs, marqués par saint Jean ; et tous les autres hommes, figurés par le bon larron. Il faut rendre à chacun d'eux tout ce qui leur est dû, et les aider tous, selon notre pouvoir. Mais Dieu veut encore que, pour exercer une charité parfaite, nous le priions pour la conversion de nos ennemis et des siens, et que nous tâchions d'excuser les fautes de notre prochain, à l'exemple du Sauveur, dont le premier soin fut de prier pour ses bourreaux, en alléguant leur ignorance pour excuse de leur attentat.

IV. Comme Jésus, durant les ténèbres qui couvrirent le ciel, passa trois heures en oraison, pour se préparer à la mort, ainsi, après avoir satisfait pleinement à nos obligations les plus essentielles, nous devons avoir un temps de repos pour vaquer à la prière, pour traiter en particulier avec Dieu l'affaire de notre salut, et pour obtenir de lui une sainte mort. Surtout il est important d'exciter en nous une soif pareille à celle de Notre-Seigneur, c'est-à-dire un désir ardent d'obéir à Dieu et à ceux qui nous tiennent sa place, de souffrir beaucoup pour sa gloire, de lui gagner un grand nombre d'ames; et plus notre dernière heure s'approchera, plus notre prière doit être fervente, parce que, comme dit saint Grégoire, plus on est proche de la mort, plus il faut apporter de soin à s'y préparer.

V. Une excellente disposition à la mort, est de vivre si saintement, qu'à la fin de chaque action nous puissions dire comme le Sauveur : *Tout est accompli.* Tout ce que Dieu nous a commandé je l'ai fait, et je n'ai rien à me reprocher de ce côté-là. Nous essaierons pareillement d'employer si bien toutes nos journées, qu'au soir nous ayons sujet de dire la même chose, et d'être content de nous. Enfin, par une vie sainte et réglée, nous nous préparerons à la mort; nous recevrons dans le temps le saint viatique, après avoir fait une bonne confession; nous écrirons nos dernières volontés, et nous mettrons ordre à nos affaires, en sorte que nous puissions dire hardiment avec Jésus-Christ mourant : *Tout est accompli*. J'ai exécuté tout ce que Dieu désiroit de moi.

VI. Il est bon, et durant la vie, et à l'heure de la mort, de recommander souvent son ame à Dieu, de la lui remettre entre les mains, afin qu'il la garde, qu'il la défende, la gouverne et la conduise dans le ciel. Mais comme Jésus voulut mourir à trente-trois ans, âge auquel on ne se résout que difficilement à la mort, songeons aussi qu'il nous importe beaucoup d'offrir notre vie à celui qui nous l'a donnée, afin qu'il nous l'ôte quand il le jugera à propos, dans la fleur même de notre âge, et dans le meilleur état de nos affaires, puisqu'il y a lieu d'espérer qu'il nous appellera à lui dans l'âge, dans le temps, et dans le lieu le plus convenable pour notre salut.

PRIÈRE

POUR UNIR NOS SOUFFRANCES

A CELLES DE JÉSUS-CHRIST

PAR BOSSUET.

Mon Dieu, je m'unis de tout mon cœur à votre saint fils Jésus, qui, dans la sueur de son agonie, vous a présenté la prière de tous ses membres infirmes. O Dieu, vous l'avez livré à la tristesse, à l'ennui, à la frayeur; et le calice que vous lui avez donné à boire étoit si amer et si plein d'horreur, qu'il vous pria de le détourner de lui. En union avec sa sainte ame, je vous le dis, ô mon Dieu et mon père : *Détournez de moi ce calice* horrible; *toutefois que votre volonté soit faite, et non pas la mienne.* Je mêle ce calice avec celui que votre Fils, notre Sauveur, a avalé par votre ordre. Il ne me falloit pas un moindre remède, ô mon Dieu; je le reçois de votre main avec une ferme foi que vous l'avez préparé pour mon salut, et pour me rendre semblable à Jésus-Christ, mon Sauveur.

Mais, ô Seigneur, qui avez promis de ne nous pas mettre à des épreuves qui passent nos forces, vous êtes fidèle et véritable; je crois en votre parole, et je vous prie, par votre Fils, de me donner de la force ou d'épargner ma foiblesse.

Jésus, mon Sauveur, nom de miséricorde, et de grâce, je m'unis à la sainte prière du jardin, à vos sueurs, à votre agonie, à votre accablante tristesse, à l'agitation effroyable de votre sainte ame, aux ennemis auxquels vous avez été livré, à la pesanteur de vos immenses douleurs, à votre délaissement, à votre abandon, au spectacle affreux qui vous fit voir la justice de votre Père armé contre vous, aux combats que vous avez livrés aux démons dans ces temps de vos délaissemens, et à la victoire que vous avez remportée sur ces noirs et malicieux ennemis, à votre anéantissement et aux profondeurs de vos humiliations, qui font fléchir le genou devant vous à toutes les créatures, dans le ciel, sur la terre et dans les enfers : en un mot, je m'unis à votre croix, et à tout ce que vous choisissez pour crucifier l'homme. Ayez pitié de tous les pécheurs, et de moi qui suis le premier de tous : consolez-moi, convertissez-moi, anéantissez-moi, rendez-moi digne de porter votre livrée. *Amen.*

EXERCICE

POUR

SE DISPOSER A BIEN MOURIR,

PAR BOSSUET.

Vous ferez un acte de foi en présence de Dieu, et demeurerez avec respect devant lui, comme si vous n'aviez plus que ce moment à vivre ; et, en cet état, vous l'adorerez profondément, lui disant :

Mon Dieu, je vous adore de toute ma volonté ; et, pour le faire plus dignement, je m'unis à toutes les saintes ames du ciel et de la terre, qui le font maintenant ; et je crois fermement que vous êtes mon Dieu et mon juste juge, auquel je dois un jour, et peut-être en ce moment, rendre un compte exact de toutes mes pensées, paroles et actions.

ACTE DE FOI.

Je proteste aussi, mon Dieu, que je crois tout ce que l'Eglise croit ; et je veux vivre et mourir dans la vraie et vive foi de tout ce qu'elle m'enseigne, étant prêt, par votre grâce, de donner ma vie, et de répandre mon sang jusqu'à la dernière goutte pour confirmer cette divine foi.

ACTE DE DÉSIR DE VOIR DIEU.

Je désire ardemment, ô mon Dieu, de jouir de vous et de vous voir, puisque c'est vous qui êtes mon bonheur et ma vraie félicité. Mais je sais, ô mon Dieu, que je ne le mérite par aucune de mes œuvres, mais uniquement par les mérites de mon Jésus. C'est aussi par tout ce qu'il a fait et souffert pour moi que j'ose espérer, quoique misérable pécheur, que je jouirai de vous éternellement.

ACTE DE CONTRITION.

Toute ma confiance, ô mon Dieu, est dans les mérites du sang précieux que Jésus a répandu pour effacer mes crimes; et c'est en son saint nom que je vous demande pardon, prosterné aux sacrés pieds de ce divin Sauveur de mon ame, dans un vrai sentiment d'humiliation à la vue de mes résistances à vos grâces, et des infidélités que j'ai commises contre vous. Je vous en demande pardon, dans la confiance que vous ne pouvez refuser un cœur contrit et humilié.

Ps. 50, Miserere meî, Deus, etc.

ACTE D'AMOUR.

Ah! mon Dieu, faites-moi miséricorde, et la grâce que mon cœur brûle de votre saint amour pour le temps et pour l'éternité. Je ne le puis que par votre grâce; ô mon Dieu, ne me la refusez pas : je vous le demande de tout mon cœur, et proteste que je veux et consens d'être séparé, par la mort, de tout ce qui m'est le plus cher, quand il vous plaira et de la manière que vous le voudrez, puisque vous m'êtes plus cher que tout et que moi-même.

ACTE DE SOUMISSION.

Prosterné à vos pieds cloués pour moi sur la croix, ô Jésus, je proteste que, de toute ma volonté, j'accepte la mort par soumission à votre sainte volonté, et par hommage à la vôtre, adorant le jugement que vous ferez de moi. Je vous supplie, par les mérites de votre mort, de me le rendre favorable, pour que je puisse m'unir à vous éternellement; car, par votre grâce, je vous aime et désire vous aimer de tout mon cœur, plus que moi-même et que toutes les choses de ce monde, que je vous sacrifie de toute ma volonté.

LE CHRÉTIEN

A LA VUE DE LA MORT

RENOUVELLE LES ACTES DE FOI, D'ESPÉRANCE ET DE CHARITÉ.

Le temps approche, Seigneur, que les ténèbres seront dissipées, et que la foi se changera en claire vue ; le temps approche où je chanterai avec le Psalmiste : O Seigneur, *nous avons vu ce que nous avons ouï*. O Seigneur, tout nous paroît comme il nous avoit été prêché. Je n'ai plus qu'un moment, et dans un instant je verrai à découvert toutes vos merveilles, toute la beauté de votre face, la sainteté qui est en vous, votre vérité tout entière. *Mon Sauveur, je crois ; aidez mon incrédulité,* et soutenez ma foiblesse. O mon Dieu, je le reconnois, je n'ai rien à espérer de moi-même : mais vous avez commandé d'aller *en espérance contre l'espérance*. Ainsi, en espérance contre l'espérance, je crois avec Abraham. Tout tombe ; cet édifice mortel s'en va par pièces ; *mais si cette maison de terre se renverse et tombe sur ses propres ruines, j'ai une maison céleste* où vous me promettez de me recevoir. O Seigneur, j'y cours, j'y vole, j'y suis déjà transporté par la meilleure partie de moi-même : *Je me réjouis d'entendre dire que j'irai dans la maison du Seigneur. Je suis à ta porte, ô Jérusalem; me voilà debout, mes pieds sont en mouvement*, et tout mon corps s'élance pour y entrer.

Quand vous verrai-je ? ô le bien unique, quand vous verrai-je ? Quand jouirai-je de votre face désirable, ô vérité, ô vraie lumière, ô bien, ô source du bien, ô tout le bien, ô le tout parfait, ô le seul parfait, ô vous qui êtes seul, qui êtes tout, en qui je serai, qui serez en moi, qui serez tout à tous, avec qui je serai un *seul esprit ?* Mon Dieu, je vous aime; mon Dieu, ma vie *et ma force, je vous aimerai.* Je verrai vos merveilles. Enivré de vos beautés et de vos délices, je chanterai vos louanges, tout le reste est passé, tout s'en va autour de moi comme une fumée : mais je m'en vais où tout est. Dieu puissant, Dieu éternel, Dieu heureux, je me réjouis de votre puissance, de votre éternité et de votre bonheur. Quand vous verrai-je, ô Principe qui n'avez point de principe ? Quand verrai-je sortir de votre sein votre Fils, qui vous est égal ? Quand verrai-je votre Saint-Esprit procéder de votre union, terminer votre fécondité, consommer votre éternelle action ? Tais-toi, mon ame, ne parle plus; pourquoi bégayer encore quand la vérité te va parler?

Mon Sauveur, en écoutant vos saintes paroles, j'ai tant désiré de vous voir et de vous entendre vous-même : l'heure est venue, je vous verrai dans un moment ; je vous verrai comme juge, il est vrai, mais vous me serez un juge sauveur. Vous me jugerez selon vos miséricordes, parce que je mets en vous toute mon espérance, et que je m'abandonne à vous sans réserve. Sainte cité de Jérusalem, mes nouveaux citoyens, mes nouveaux frères, ou plutôt mes anciens citoyens, mes anciens frères, je vous salue en foi. Bientôt, bientôt, dans un moment, je serai en état de vous embrasser : recevez-moi dans votre unité. Adieu, mes frères mortels ; adieu, sainte Eglise catholique. Vous m'avez porté dans vos entrailles, vous m'avez nourri de votre lait ; achevez de me purifier par vos sacrifices, puisque je meurs dans votre unité et dans votre foi. Mais, ô Eglise, point d'adieu pour vous : je vais vous trouver dans le ciel, dans la plus belle partie de vous-même. Ah! je vais voir votre source et votre terme, les Prophètes et les Apôtres vos fondemens, les martyrs vos victimes, les vierges votre fleur, les confesseurs votre ornement, tous les Saints vos intercesseurs.

Eglise, je ferme les yeux : je vous dis adieu sur la terre, je vous trouverai dans le ciel.

LE CHRÉTIEN EXPIRE EN PAIX

EN S'UNISSANT

A L'AGONIE DU SAUVEUR.

Mon Sauveur, je cours à vos pieds dans le sacré jardin; je me prosterne avec vous la face contre terre; je m'approche autant que je puis de votre saint corps, pour recueillir sur le mien les grumeaux de sang qui découlent de toutes vos veines. Je prends à deux mains le calice que votre Père m'envoie. Vous n'aviez pas besoin d'un Ange pour vous consoler dans votre agonie. C'est pour moi qu'il vient à vous. Venez, Ange saint, venez, aimable consolateur de Jésus-Christ souffrant et agonisant dans ses membres; venez. Fuyez, troupes infernales, ne voyez-vous pas ce saint Ange, la croix de Jésus-Christ en main? Ah! mon Sauveur, je le dirai avec vous : *Tout est consommé, amen, amen;* tout est fait : *je remets mon esprit entre vos mains.* Mon ame, commençons l'*amen* éternel, l'*alleluia* éternel, qui sera la joie et le cantique des bienheureux dans l'éternité

Je chanterai éternellement les miséricordes du Seigneur ; *misericordias Domini in æternum cantabo.*

Amen, alleluia. O moment heureux où nous sortirons des ombres et des énigmes pour voir la vérité manifestée ! Courons-y avec ardeur, hâtons-nous de purifier notre cœur, afin de voir Dieu selon la promesse de l'Evangile. Ç'a été le temps du voyage : *là finissent les gémissemens,* là s'achèvent les travaux de la foi, quand elle va, pour ainsi dire, enfanter la claire vue. Heureux moment, encore une fois ! qui ne le désire pas, n'est pas chrétien.

O Jésus, victime sacrée, seule digne de Dieu, daignez nous joindre et nous unir à votre sacrifice. O Jésus, vous êtes le refuge et le salut des pécheurs ; soyez le mien et dites à mon ame : Je suis ton salut. Mettez votre croix, votre mort et votre Passion entre nous et vos divins jugemens afin de nous faire grâce et miséricorde. O divine Marie, ouvrez-nous votre sein maternel ; recevez-nous en votre protection toute-puissante ; mettez-nous dans le cœur adorable de Jésus-Christ votre Fils. O grand saint Joseph, saint Michel, saint Gabriel, saint Raphaël, tous les Anges et Saints, intercédez pour nous maintenant et à l'heure de notre mort. *Amen.*

COURTES PRIÈRES

POUR UN MALADE AUX APPROCHES DE LA MORT.

Je suis la résurrection et la vie. Celui qui croit en moi, quand il seroit mort, il vivra ; et celui qui vit et croit en moi, ne mourra point à jamais. Celui qui croit en moi ne connoîtra point la mort.

Jésus, soyez ma vie et ma résurrection, selon votre parole.

Je me soumets, ô Dieu, ô juste juge, à la sentence de mort que vous avez donnée contre moi, à cause de mon péché. *O mort, je serai ta mort,* dit le Fils de Dieu. *O mort, où est ta victoire ? où est ton aiguillon ? où sont tes armes ? mon Seigneur t'a désarmée.*

CONTRE LES TERREURS DE LA CONSCIENCE.

Mon Dieu, ayez pitié de moi pauvre pécheur. Mon Dieu, *j'ai péché contre le ciel et contre vous ; je ne suis pas digne d'être appelé votre fils ; traitez-moi comme le moindre de vos serviteurs.*

Qui accusera les élus de Dieu ? c'est Dieu qui les justifie. Qui les condamnera ? c'est Jésus-Christ qui est mort ; qui est aussi ressuscité, qui est à la droite de son Père, et qui intercède pour moi. Qui donc me séparera de la vérité et de la charité de Jésus-Christ? Qui me privera de son amour? qui m'empêchera de l'aimer?

Celui à qui on remet davantage aime davantage.

Seigneur, j'ai espéré en vous; je ne serai jamais confondu.

Seigneur, je remets mon ame entre vos mains. Vous m'avez racheté, Seigneur, Dieu de vérité.

Où le péché a abondé, la grâce surabonde.

DANS LES GRANDES DOULEURS.

Je suis attaché à la croix avec Jésus-Christ, et je vis, non pas moi, mais Jésus-Christ en moi. Je vis en la foi du Fils de Dieu qui m'a aimé, et qui s'est livré à la mort pour moi.

Que je porte, mon Dieu, *sur mon corps l'impression de la mort de Jésus, afin que la vie de Jésus se développe sur moi.* O mon Père, si vous le voulez, vous pouvez détourner de moi ce calice; mais, ô mon Dieu, votre volonté soit faite, et non pas la mienne.

Mon Dieu, donnez-moi la patience, vous nous avez promis *que vous ne nous laisseriez pas tenter au-dessus de nos forces.* Vous êtes fidèles, ô mon Dieu, je me fie à votre promesse. Je le sais, Seigneur, si ce grain, si ce corps mortel n'est mortifié, il ne portera aucun fruit. Faites-moi faire de dignes fruits de pénitence. O Jésus, j'embrasse la croix que vous m'imposez; je la veux porter jusqu'au bout. Donnez-moi la force de la soutenir.

Acceptez ce foible sacrifice, et unissez-le au vôtre, qui est parfait et infini.

EN ADORANT ET BAISANT LA CROIX.

O Jésus, vous avez été élevé sur cette croix pour être l'objet de notre espérance. *Il falloit que vous fussiez élevé* sur cette croix, *comme le serpent dans le désert*, afin que tout le monde pût tourner ses yeux vers vous. La guérison de tout l'univers a été le fruit de cette cruelle et mystérieuse exaltation. O Jésus, je vous adore sur cette croix; et, m'y tenant à vos pieds, je vous dis comme l'épouse: *Tirez-moi, nous courrons après vous.* La miséricorde qui vous fait subir le supplice de la croix, l'amour qui vous fait mourir et qui sort par toutes vos plaies, est le doux parfum qui s'exhale pour attirer mon cœur. Tirez-moi de cette douce et puissante manière, dont vous avez dit que *votre Père tire à vous tous ceux qui y viennent;* de cette manière toute-puissante, qui ne me permette pas de demeurer en chemin. Que j'aille jusqu'à vous, jusqu'à votre croix; que j'y sois uni, percé de vos douleurs, crucifié avec vous; en sorte que je ne vive plus que pour vous seul, et que je n'aspire plus qu'à cette vie immortelle, que vous nous avez méritée par la croix.

O Jésus, que tout est vil à qui vous a trouvé, à qui est attiré jusqu'à vous, jusqu'à votre croix!

O Jésus, quelle vertu vous avez cachée dans cette croix! faites-la sentir à mon cœur, maintenant que mes douleurs m'y tiennent attaché.

FIN.

TABLE.

Mandement de Mgr l'Archevêque de Paris, pour le saint temps de Carême 1832. *Pag.* 3

Mandement de Mgr l'Archevêque sur la dévotion à la Passion de notre Seigneur Jésus-Christ et à la Compassion de la sainte Vierge. 11

Notice sur les reliques et les instrumens de la Passion de Notre-Seigneur, qui se conservent dans le trésor de l'Eglise métropolitaine de Paris. 29

§ 1. *Du bois de la vraie Croix.* I. Découverte miraculeuse de la sainte Croix, sous l'empereur Constantin. *Ibid.*

II. Ce que devint la vraie Croix de Jésus-Christ depuis sa découverte miraculeuse. 31

III. Origine des portions considérables de la vraie Croix qui se conservent aujourd'hui dans l'Eglise métropolitaine de Paris. 34

Vraie Croix de la Sainte-Chapelle de Paris. 35

Vraie Croix de l'abbaye de Saint-Germain des Prés. 38

§ II. *De la sainte Couronne d'Epines.* I. Histoire de la sainte Couronne d'Epines. 42

II. Histoire de la sainte Couronne d'Epines depuis la révolution. 46

§ III. *Des clous qui ont percé les pieds et les mains du Sauveur.* 47

La Passion de notre Seigneur Jésus-Christ selon la concorde des quatre Evangélistes. 53

Actes avant et après la Méditation. 76

MÉDITATIONS SUR LA PASSION DE NOTRE-SEIGNEUR.

1. Notre Seigneur Jésus-Christ institue le très-saint Sacrement de l'Autel. 82
2. Jésus sort du cénacle pour aller à la mort. 85
3. Jésus prie dans le jardin des Oliviers. 88
4. Jésus, réduit à une agonie mortelle, est consolé par un Ange. 91
5. Jésus vendu et trahi par Judas. 95
6. Jésus pris et lié par les soldats. 98
7. Jésus abandonné de ses disciples. 101
8. Jésus traîné devant les tribunaux de Jérusalem comme un criminel. 104

9. Jésus accusé par les faux témoins. *Pag.* 108
10. Jésus outragé, frappé et insulté pendant la nuit. 111
11. Jésus renié par saint Pierre. 115
12. Jésus accusé par les Juifs devant Pilate. 119
13. Jésus méprisé par Hérode. 123
14. Le peuple préfère Barabbas à Jésus. 126
15. Jésus flagellé. 130
16. Jésus revêtu de pourpre et couronné d'épines. 134
17. Jésus présenté au peuple : VOILA L'HOMME. 138
18. Jésus condamné à mort par Pilate. 142
19. Jésus va au Calvaire, portant sa Croix. 146
20. Jésus attaché à la croix. 150
21. Jésus élevé sur la croix. 153
22. Première parole de Jésus en croix : il prie pour ses ennemis. 158
23. Seconde parole de Jésus en croix ; il promet le paradis au bon larron. 161
24. Troisième parole de Jésus en croix ; il recommande sa sainte mère à saint Jean. 164
25. Quatrième parole de Jésus en croix ; il se plaint à son Père d'en être abandonné. 168
26. Cinquième parole de Jésus en croix : J'AI SOIF. 171
27. Sixième parole de Jésus en croix : TOUT EST CONSOMMÉ. 175
28. Septième et dernière parole de Jésus en croix ; il recommande son ame à son Père. 178
29. Jésus mort sur la croix. 180
30. Jésus fait éclater sa puissance après sa mort. 183
31. Jésus mis dans le tombeau. 186

LITANIES de la Passion. 190
PRIÈRES à la sainte Vierge mère de douleurs, pour chaque Vendredi de Carême. 193
PRIÈRES pour l'Exercice de dévotion. 203
MÉTHODE pour bien vivre, et préparation pour bien mourir sur le modèle de Jésus crucifié. 212
PRIÈRE pour unir nos souffrances à celles de Jésus-Christ. 217
EXERCICE pour se disposer à bien mourir, par Bossuet. 219

FIN DE LA TABLE.

www.ingramcontent.com/pod-product-compliance
Lightning Source LLC
Chambersburg PA
CBHW071940160426
43198CB00011B/1478